Allgemeines Verwaltungsrecht für die Polizei

6. Auflage 2022

Von
Prof. Dr. Stefan Zeitler und Prof. Dr. Andreas Nachbaur
Hochschule für Polizei Baden-Württemberg

Impressum

© 2022 Stefan Zeitler, Andreas Nachbaur
Klsterbergstr. 33
78112 St. Georgen

alle Rechte Vorbehalten

Inhalt

1	**ÖFFENTLICHE VERWALTUNG**	**1**
1.1	Einführung	1
1.2	Begriff des allgemeinen Verwaltungsrechts	1
1.3	Begriff „Öffentliche Verwaltung"	2
1.4	Träger öffentlicher Verwaltung	3
1.5	Sonderfall Beliehene	6
1.6	Überblick über die staatliche Verwaltung	9
1.7	Behördenaufbau und Zuständigkeitsverteilung	10
1.7.1	Rechtsgrundlagen	10
1.7.2	Der Behördenaufbau nach dem LVG	10
2	**RECHTSFORMEN ÖFFENTLICHEN VERWALTUNGSHANDELNS**	**13**
2.1	Privatrecht – öffentliches Recht	13
2.1.1	Praktische Bedeutung der Abgrenzung	13
2.1.2	Zuordnungstheorien	14
2.2	Hoheitliche Verwaltung	17
2.3	Privatrechtliche öffentliche Verwaltung	18
2.3.1	Verwaltungsprivatrecht	20
2.3.2	Erwerbswirtschaftliche Tätigkeit	21
2.3.3	Nebeneinander von Privatrecht und öffentlichem Recht beim Abschleppen von Fahrzeugen	22
3	**RECHTSQUELLEN DES VERWALTUNGSRECHTS**	**24**

3.1	Gemeinsame Merkmale der Rechtssätze	24

3.2	Die kodifizierten Rechtsquellen im Einzelnen		25
	3.2.1	Verfassung	25
	3.2.2	Europäisches Unionsrecht	25
	3.2.3	Einfaches Gesetz im formellen und materiellen Sinn	27
	3.2.4	Rechtsverordnung	28
	3.2.5	Satzungen	29

3.3	Ungeschriebenes Recht		30
	3.3.1	Gewohnheitsrecht	30
	3.3.2	Richterrecht	31

3.4	Allgemeine Rechtsgrundsätze		31
	3.4.1	Gesetzmäßigkeit der Verwaltung	31
	3.4.2	Gleichheitsgebot (Art. 3 Abs. 1 GG)	35
	3.4.3	Verhältnismäßigkeitsgrundsatz	35

3.5	Verwaltungsvorschriften		38
	3.5.1	Begriff	38
	3.5.2	Außenwirkung	39

3.6	Konkurrenz der Rechtsquellen		41
	3.6.1	Rangordnung	41
	3.6.2	Sonstige Kollisionsregeln	41

4 RECHTSANWENDUNG 44

4.1	Sachverhaltsermittlung	44

4.2	Finden der Rechtsgrundlage	44

4.3	Auslegung		46
	4.3.1	Auslegung nach dem Wortlaut	48
	4.3.2	Historische Auslegung	49
	4.3.3	Teleologische Auslegung	50
	4.3.4	Systematische Auslegung	51
	4.3.5	Beispielfall zu den verschiedenen Auslegungsmethoden	52

4.4	Ziel der Gesetzesinterpretation	54
4.5	Subsumtion	54
4.6	Falllösung	55

5 ERMESSEN 57

5.1	Ermessensvorschriften	57
5.2	Rechtsnormen ohne Ermessen	57
5.3	Rechtsnorm mit Ermessen	58
5.4	„Sollvorschriften" und ihre Bedeutung	59
5.5	Bindung des Ermessens	60
5.6	Die verschiedenen Ermessensfehler	60
	5.6.1 Ermessensüberschreitung	60
	5.6.2 Ermessensunterschreitung	61
	5.6.3 Ermessensfehlgebrauch	61
5.7	Ermessensschrumpfung auf null	62
5.8	Beurteilungsspielraum	63

6 VERWALTUNGSAKT 66

6.1	Bedeutung und Definition	66
6.2	Maßnahme einer Behörde	67
6.3	Wichtigstes Merkmal: Regelung	68
	6.3.1 Begriff der Regelung	68
	6.3.2 Abgrenzung	68
	6.3.3 Auskunft, Zusage	70
	6.3.4 Regelung, wiederholende Verfügung und Zweitbescheid.	70

6.4	Außenwirkung	71
6.5	Einzelfall	72
6.6	Arten von Verwaltungsakten	72
6.7	Nebenbestimmungen zum Verwaltungsakt	74
6.7.1	Begriff	74
6.7.2	Arten von Nebenbestimmungen	74
6.7.3	Abgrenzung	76

7 VERFAHREN UND FORM FEHLER! TEXTMARKE NICHT DEFINIERT.

7.1	Zuständigkeit	77
7.2	Anhörung	78
7.3	Ausschluss vom Verwaltungsverfahren	78
7.4	Begründung	79
7.5	Bekanntgabe	79
7.6	Form	82
7.7	Amtshilfe	83

8 FEHLERHAFTER VERWALTUNGSAKT   86

8.1	Problemstellung	86
8.2	Arten der Fehlerhaftigkeit und ihre rechtliche Bedeutung	86
8.2.1	Nichtakte	86
8.2.2	Unbeachtliche Fehler	86
8.2.3	Schlicht rechtswidriger VA	86
8.2.4	Nichtiger VA	89

9 VERWALTUNGSKONTROLLE   91

9.1	Aufsicht und formlose Rechtsbehelfe	91
9.1.1	Fachaufsicht	91
9.1.2	Rechtsaufsicht	91
9.1.3	Dienstaufsicht	92
9.1.4	Mittel der Aufsicht	92
9.1.5	Formlose Rechtsbehelfe	92
9.2	**Widerspruch**	**93**
9.2.1	Zuständigkeit und Verfahren.	94
9.2.2	Zulässigkeitsvoraussetzungen	95
9.2.3	Begründetheit des Widerspruchs	97
9.3	**Die verwaltungsgerichtliche Klage**	**98**
9.3.1	Anfechtungsklage	98
9.3.2	Fortsetzungsfeststellungsklage	102
9.3.3	Verpflichtungsklage	105
9.3.4	Feststellungsklage	106
9.4	**Vorläufiger Rechtsschutz beim belastenden VA**	**107**
9.5	**Vorläufiger Rechtsschutz beim begünstigenden VA**	**110**

10   BESTANDSKRAFT, RÜCKNAHME UND WIDERRUF   111

11   VERWALTUNGSVOLLSTRECKUNG   112

11.1	Wirksamer Grundverwaltungsakt	112
11.2	Vollstreckbarkeit des Verwaltungsaktes	114
11.3	Verfahren	116
11.4	Voraussetzungen der einzelnen Zwangsmittel	117
11.4.1	Zwangsgeld, Zwangshaft	117
11.4.2	Ersatzvornahme	118
11.4.3	Unmittelbarer Zwang	118
11.4.4	Prüfungsschema Polizeizwang	119
11.4.5	Beitreibung	120

12	UNMITTELBARE AUSFÜHRUNG EINER MAẞNAHME	
	121	

13	ANHANG PRÜFUNGSSCHEMA POLIZEIVERFÜGUNG	
	124	

| 14 | LITERATURVERZEICHNIS | 127 |

1 Öffentliche Verwaltung

1.1 Einführung

Im Gegensatz zu anderen Rechtsgebieten, wie z.B. dem Strafrecht, gibt es im Verwaltungsrecht keine abgeschlossene Kodifizierung; es gibt also kein „Verwaltungsgesetzbuch". Das Verwaltungsrecht insgesamt ist die Summe unzähliger Gesetze, Verordnungen, Rechtsgrundsätze, Verfassungsprinzipien, Gerichtsurteile und Lehrmeinungen. Dies macht den Umgang mit der Materie nicht nur für den Anfänger, der noch über keine Rechtskenntnisse verfügt, so schwierig, sondern auch für denjenigen, der es gewohnt ist, sich nur innerhalb eines einzigen Gesetzes zu bewegen. Die Fälle, in denen eine Rechtsfrage nur unter Heranziehung eines Gesetzes zu beantworten ist, sind im Verwaltungsrecht eher die Ausnahme. Trotz der Unübersichtlichkeit des Verwaltungsrechts darf nicht übersehen werden, dass die Kenntnis einiger verwaltungsrechtlicher Institute zur staatsbürgerlichen Allgemeinbildung zählt und schließlich, dass auch das Recht der Gefahrenabwehr zum Verwaltungsrecht gehört.

1.2 Begriff des allgemeinen Verwaltungsrechts

Wir unterscheiden das **allgemeine** und das **besondere Verwaltungsrecht**. Zu letzterem zählen wir beispielsweise das Bauordnungsrecht, das Ausländerrecht, das Polizeirecht.

Im Mittelpunkt der nachfolgenden Ausführungen steht das **allgemeine Verwaltungsrecht**. Man versteht darunter die gewissermaßen „vor die Klammer gezogenen" Gemeinsamkeiten des besonderen Verwaltungsrechts. Bestimmte Vorschriften, die für jedes Teilgebiet des Verwaltungsrechts gleichermaßen gelten, brauchen daher nur einmal geregelt werden.

Die gesetzliche Regelung des allgemeinen Verwaltungsrechts erfolgt zu einem großen Teil im Verwaltungsverfahrensgesetz (LVwVfG), dem Sozialgesetzbuch (SGB X) und der Abgabenordnung.

Beispiel: Vor Erlass einer belastenden Anordnung muss der Betroffene gem. § 28 LVwVfG angehört werden. Dies gilt gleichermaßen für die Bauordnungsverwaltung wie für das Ausländerwesen sowie die übrigen Bereiche des besonderen Verwaltungsrechtes, ohne dass dies in den Spezialgesetzen ausdrücklich geregelt werden müsste.

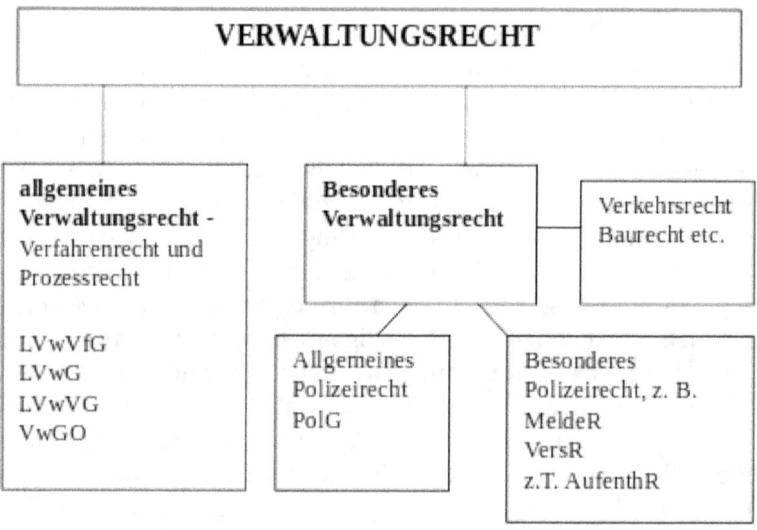

1.3 Begriff „Öffentliche Verwaltung"

Jede Organisation, ob privat oder staatlich, bedarf einer Verwaltung. „Verwalten" bedeutet ursprünglich „etwas beeinflussen, ausführen, verrichten, besorgen". Der wesentliche Unterschied zwischen der Verwaltung von Wirtschaftsunternehmen und der öffentlichen Verwaltung liegt darin, dass sich die öffentliche Verwaltung am öffentlichen Interesse orientiert und nicht auf Gewinnerzielung ausgerichtet ist. Im Folgenden interessiert uns nur die „öffentliche Verwaltung". Eine allgemeingültige Begriffsbestimmung gibt es nicht. Auch die nachfolgenden Definitionen stellen lediglich den Versuch einer Begriffsbestimmung bzw. eine Orientierungshilfe dar.[1]

- Wir können den Begriff **negativ** definieren: Öffentliche Verwaltung umfasst danach die staatliche Tätigkeit, die nicht Gesetzgebung, Regierung und Rechtsprechung ist.

---

[1] Vgl. die umfangreichen Erklärungsversuche bei *Wolff/Bachof/Stober/Kluth*, Verwaltungsrecht I, § 3 Rn. 1 ff.; *Brenndörfer/Trockels* in: *Schweickhardt/Vondung/Zimmermann-Kreher*, Allgemeines Verwaltungsrecht, Rn. 5 ff. (jew. m.w.N.).

- oder **positiv**: Öffentliche Verwaltung ist die praktische Umsetzung regierungsleitender und rechtlicher Vorgaben, dabei aber nicht nur Vollzug von Rechtsnormen, sondern auch gestaltend.

Wir unterscheiden die öffentliche Verwaltung

- **im materiellen Sinn** (Im Hinblick auf die Verwaltungstätigkeit): Öffentliche Verwaltung ist danach die Besorgung von Angelegenheiten im Interesse und zum Wohl der Allgemeinheit. Dies geschieht nicht notwendig durch staatliche Behörden, da öffentliche Angelegenheiten auch von privatrechtlichen Gesellschaften wahrgenommen werden können. **Beispiel:** Stadtwerke GmbH
- **im organisatorischen Sinn** (Im Hinblick auf den Behördenapparat). Öffentliche Verwaltung im organisatorischen Sinne ist demnach die Gesamtheit derjenigen Glieder und Organe der Europäischen Gemeinschaft sowie der inneren staatlichen Organisation, die in der Hauptsache zur öffentlichen Verwaltung im materiellen Sinne bestellt sind.[2]

1.4 Träger öffentlicher Verwaltung

Gemäß Art. 20 Abs. 2 Satz 1 GG geht alle Staatsgewalt vom Volke aus. Es bedient sich hierzu bestimmter qualifizierter Organe: Der Gesetzgebungsorgane, der Regierung, der Verwaltung und der Rechtsprechung. Für den hier interessierenden Bereich der vollziehenden Gewalt sind die **Träger der öffentlichen Verwaltung** verantwortlich. Die Exekutive ist hauptsächlich Sache der Länder (vgl. Art. 83, 84 GG). Bei der Bundesverwaltung unterscheiden wir die Bundesauftragsverwaltung (Art. 85 GG, z.B. Bundesfernstraßen) und die bundeseigene Verwaltung (Art. 86 ff. z.B. Bundeswehr, Bundespolizei). Im Bereich der Bundesländer sind auch die Gemeinden Träger öffentlicher Verwaltung.

---

[2] *Wolff/Bachof/Stober/Kluth*, Verwaltungsrecht I, § 3 Rn. 22.

Kapitel 1

Nach dem Träger können wir daher unterscheiden: **Bundes-, Landes-, Kommunalverwaltung**.

Beispiel: Hat das Amt für öffentliche Ordnung der Stadt Stuttgart als Polizeibehörde ein Fahrzeug eingezogen, geht das Eigentum an dem Fahrzeug auf den Polizeiträger, das ist die Stadt Stuttgart, über. „Polizeiträger" ist der Träger öffentlicher Verwaltung auf dem Gebiet des Polizeiwesens.

Eine effektive öffentliche Verwaltung ist nur dann möglich, wenn die Träger öffentlicher Verwaltung

- selbst Träger von Rechten und Pflichten sind
- über einen Behördenapparat verfügen, der diese Rechte und Pflichten durchsetzt.

Merke: Träger öffentlicher Verwaltung sind selbst keine Behörden; sie haben Behörden. Träger von Rechten und Pflichten können in unserem Rechtssystem nur **Personen** sein.

Beispiel: Nur eine Person kann Eigentümer eines Grundstückes sein, nur eine Person kann die Bezahlung eines bestimmten Betrages schulden. Im Beispiel muss also die Stadt Stuttgart die Eigenschaft einer Person haben, sonst könnte sie nicht das Eigentum an dem Fahrzeug erlangen.

Man unterscheidet **juristische Personen** und **natürliche Personen**. Als Träger von Rechten und Pflichten sind die Bundesländer juristische Personen, und zwar solche des öffentlichen Rechts.

Eine Aktiengesellschaft oder eine GmbH sind dagegen **juristische Personen des Privatrechts**.

Wenn die juristischen Personen am Rechtsverkehr teilnehmen und ihre Aufgaben erfüllen, benötigen sie zur Geltendmachung ihrer Rechte bzw. zur Erfüllung ihrer Pflichten eigene **Organe**. Bei den Gesellschaften sind dies z.B. die Gesellschafterversammlung, die Geschäftsführung, der Vorstand. Die Träger öffentlicher Verwaltung bedienen sich ihrer Behörden. In dem Beispiel ist die Stadt Stuttgart Träger öffentlicher Verwaltung. Die Stadt bedient sich für die Aufgabenerfüllung im Bereich der öffentlichen Sicherheit des Bürgermeisteramtes. Ein Teil dieses Amtes ist das Amt für öffentliche Ordnung.

Öffentliche Verwaltung

Weiteres **Beispiel**: Der Staat, genauer das Bundesland, hat seinen Bürgern gegenüber die Aufgabe, die öffentliche Sicherheit und Ordnung zu gewährleisten. Es bedient sich dazu verschiedener Behörden. Dazu zählen auch die verschiedenen Polizeidienststellen (Landespolizeidirektionen mit ihren nachgeordneten Polizeidienststellen).

Die Länder sind Eigentümer von Grundstücken und Gebäuden. Verwaltet werden diese von den staatlichen Liegenschaftsämtern.

Die Aufgabenverteilung auf verschiedene Träger dient der **Vermeidung** von **Machtkonzentration**. Es soll nicht am Bürger „von oben vorbeiverwaltet" werden. Dazu dienen eigenständige Verwaltungsträger, die ihren Zuständigkeitsbereich überschauen und näher an der zu verwaltenden Materie sind. Nur so kann auch das verfassungsrechtlich verankerte Demokratiegebot effektiv verwirklicht werden. Das föderalistische Prinzip sowie die Selbstverwaltungsgarantie (Art. 28 GG, Beispiel Gemeinderat) sind Ausfluss dieser Überlegungen. Bei den juristischen Personen des öffentlichen Rechtes müssen wir folgende Arten unterscheiden:

Körperschaften des öffentlichen Rechts: Man unterscheidet: **Gebietskörperschaft** (Bund, Land, Gemeinde) und **Personalkörperschaft** (Berufskammern, Bundesversicherungsanstalt für Angestellte BfA, Landeswohlfahrtsverbände, AOK).

Anstalten des öffentlichen Rechts: ZDF, SWR, Deutsche Bundesbank, Bundesanstalt für Flugsicherung,

Der **Unterschied** zwischen Körperschaft und Anstalt:

Körperschaften sind mitgliedschaftlich verfasste Organisationen, die unabhängig sind vom Wechsel ihrer Mitglieder (unbestimmte Mitgliedschaft). Die Mitgliedschaft wird meist durch Gesetz begründet, es liegt also eine **Zwangsmitgliedschaft** vor. Den Mitgliedern stehen Mitwirkungsrechte zu.

Beispiel: Gebietskörperschaft Gemeinde. Mitwirkungsrechte bestehen bei der Gemeinderatswahl (Zur grundgesetzlichen Garantie der kommunalen Selbstverwaltung vgl. Art. 28 Abs. 2 GG; Art. 71 LVerf); Berufskammern.

Dagegen sind Anstalten und Stiftungen herrschaftlich verfasste Organisationen mit externer Trägerschaft. **Anstalten haben keine Mitglieder, sondern Benutzer.**

Beispiele: Die Länder als Träger der rechtsfähigen Anstalt Zweites Deutsches Fernsehen (ZDF); Die ARD ist keine Anstalt, sondern die Arbeitsgemeinschaft der Rundfunkanstalten Deutschlands.

Keine rechtsfähigen Anstalten und damit auch keine juristischen Personen des öffentlichen Rechts sind die kommunalen Einrichtungen wie z.b. Badeanstalt, Bibliothek, Krankenhaus.

Stiftungen des öffentlichen Rechts:

Beispiel: Conterganstiftung (Leistungen an Behinderte aufgrund von Contergan erbringen, fördern und Hilfe gewähren), Bundesstiftung Gleichstellung (Stärkung und Förderung der Gleichstellung von Frauen und Männern in Deutschland).

1.5 Sonderfall Beliehene

Beliehene sind natürliche oder juristische Personen des Privatrechts, denen durch besonderen Verleihungsakt die Zuständigkeit eingeräumt ist, bestimmte einzelne hoheitliche Kompetenzen im eigenen Namen wahrzunehmen.[3] Die Beleihung ist nur zulässig durch oder aufgrund eines Gesetzes.[4]

Beispiele: Bezirksschornsteinfegermeister bei der Feuerstättenschau (§§ 10 ff., 14 Schornsteinfeger-Handwerksgesetz – SchfHwG); TÜV-Ingenieur bei der Erteilung der Prüfplakette nach § 29 StVZO und bei der Abnahme von Fahrprüfungen; Luftfahrzeugführer nach § 12 Luftsicherheitsgesetz (LuftSiG), sog. „Bordgewalt"; Kapitän nach § 121 Seearbeitsgesetz (SeeArbG).

Die Mitglieder des **ehrenamtlichen Naturschutzdienstes** (dies sind von der unteren Naturschutzbehörde beauftragte Privatpersonen) sind berechtigt, Personen, die einer Rechtsverletzung verdächtig sind, zur Feststellung der Personalien anzuhalten. Weitere hoheitliche Befugnisse können jedoch nicht übertragen werden (§ 66 Abs. 3 NatSchG). **Forstschutzbeauftragte** wurde durch das Waldgesetz ebenfalls hoheitliche Befugnisse übertragen (§§ 79, 80 WaldG). Sie haben gem. § 79 Abs. 4 Wald G bei der Ausübung des Forstschutzes die Stellung von Polizeibeamten im Sinne des Polizeigesetzes. Das Jagd- und Wildtiermanagementgesetz

---

[3] Kein Konflikt mit Art. 33 Abs. 4 GG: Übertragung auf Angehörige des öffentlichen Dienstes nur *in der Regel*; vgl. hierzu *Wolff/Bachof/Stober/Kluth*, Verwaltungsrecht II, § 90 Rn. 40.

[4] Näher zur Beleihung Maurer/Waldhoff, Allgemeines Verwaltungsrecht, § 23, Rn. 58 ff.

(JWMG) sieht dagegen kein Recht zur Personalienfeststellung durch Wildtierschützer vor.

Umstritten ist, ob es sich bei dem **Versammlungsleiter**, der einen Störer gem. § 11 VersG von der weiteren Teilnahme ausschließt, um einen Beliehenen handelt.[5] Dies ist im Ergebnis abzulehnen, denn der Leiter leitet seine Befugnis letztlich aus Art. 8 GG ab und ist nicht Sachwalter öffentlichen Interesses. Sein Ausschlussrecht ist Ausdruck der Selbstregulierung in der Versammlung. Nur deshalb wurde er im VersG ermächtigt, nicht zum Zweck der Entlastung der Verwaltung. Letzteres aber ist stets der Grund für die Beleihung Privater.[6]

Auf die Angehörigen **privater Sicherheitsdienste** können mangels entsprechender gesetzlicher Regelungen keine hoheitlichen Befugnisse übertragen werden.[7] Eine Ausnahme hierzu ist die Fluggastkontrolle (Personenkontrolle) gem. § 5 LuftSiG, Ticketkontrolle; Gepäck- und Personalkontrolle gemäß §§ 8 und 9 LuftSiG. Die Abschiebung von vollziehbar ausreisepflichtigen Ausländern durch private Sicherheitsdienste ist nicht möglich.

Die Beleihung ist zu unterscheiden von der **Bestellung privater Verwaltungshelfer**, die lediglich als Werkzeuge in die Erledigung hoheitlicher Aufgaben eingeschaltet sind. Hierunter fällt der **Abschleppunternehmer**.[8] Dieser ist daher nicht berechtigt über die Abschleppkosten einen „Kostenbescheid" zu erlassen.[9] Er kann die Abschleppkosten aber im Auftrag der Behörde entgegennehmen.

---

[5] *Zeitler*, Grundriss des Versammlungsrechts, Rn. 188; abl.: *Gusy*, JuS 1986, 608, 612; *Wolff/Bachof/Stober/Kluth*, Verwaltungsrecht II, § 90 Rn. 18.
[6] Vgl. *Brenndörfer/Trockels*, in: *Schweickhardt/Vondung/Zimmermann-Kreher*, Allgemeines Verwaltungsrecht, Rn. 26.
[7] Vgl. hierzu Absatz 5 des § 34a GewO:
„Der Gewerbetreibende und seine Beschäftigten dürfen bei der Durchführung von Bewachungsaufgaben gegenüber Dritten nur die Rechte, die Jedermann im Falle einer Notwehr, eines Notstandes oder einer Selbsthilfe zustehen, die ihnen vom jeweiligen Auftraggeber vertraglich übertragenen Selbsthilferechte sowie die ihnen gegebenenfalls in Fällen gesetzlicher Übertragung zustehenden Befugnisse eigenverantwortlich ausüben. In den Fällen der Inanspruchnahme dieser Rechte und Befugnisse ist der Grundsatz der Erforderlichkeit zu beachten."
[8] Vgl. hierzu: *Würtenberger*, DAR 1983, 155; BGHZ 121, 161, 165.
[9] OVG NRW, Urteil v.17.12.2020 - 5 A 2300/19: Wenn der Abschleppunternehmer an dem Kostenbescheid zwar mitwirkt, die Behörde aber eindeutig als Urheber des Bescheids erkennbar ist, gilt der Abschleppunternehmer auch insoweit als Verwaltungshelfer.

Verwaltungshelfer ist auch der **Bauunternehmer**, der aufgrund einer straßenverkehrsrechtlichen Anordnung Verkehrszeichen aufstellt oder der **Jäger**, der von der Polizei beauftragt wird, ein gefährliches Tier zu erlegen.

Polizeifreiwillige sind zumindest in Baden-Württemberg wegen § 6 FPolDG, der ihnen bei der Erledigung ihrer polizeilichen Dienstverrichtungen Dritten gegenüber die **Stellung von Polizeibeamten** i.S. des Polizeigesetzes einräumt, mit hoheitlichen Befugnissen ausgestattet,[10] d.h. sie sind keine Polizeibeamten, können sich aber wie die Polizeibeamten auf die Befugnisse des Polizeigesetzes stützen.[11]

Vergleichbares gilt auch für die sog. **Gemeindlichen Vollzugsbediensteten** i. S. d. § 125 BWPolG: Ohne Polizeibeamte zu sein – sie sind Teil der Ortspolizeibehörde – haben sie gleichwohl bei der Erledigung ihrer polizeilichen Dienstverrichtungen die Stellung von Polizeibeamten i. S. des Polizeigesetzes, siehe § 125 Abs. 2 BWPolG. Gemeindliche Vollzugsbedienstete sind daher im Rahmen der ihnen übertragenen Aufgaben u. a. auch **befugt, unmittelbaren Zwang auszuüben**.[12]

Der **Beliehene** wird haftungsrechtlich einem **Beamten** gleichgestellt. Bei schuldhafter Pflichtverletzung einem Dritten gegenüber haftet somit der Träger öffentlicher Verwaltung, der ihn beliehen hat, also i.d.R. das Land (Anvertrauungstheorie).[13]

Aufgrund der obigen Ausführungen kann **zusammenfassend** folgendes festgestellt werden:

Bund, Länder und Gemeinden sind

- Träger öffentlicher Verwaltung,
- Träger von Rechten und Pflichten,

---

[10] A.A. (Beleihung) *Wolff/Bachof/Stober/Kluth*, Verwaltungsrecht II, § 90 Rn. 9.
[11] BeckOK PolR BW/*Schatz*, 22. Ed. 17.01.2021, BWPolG § 104 Rn. 5.
[12] BeckOK PolR BW/*Nachbaur*, 22. Ed. 17.01.2021, BWPolG § 125 Rn. 42. Die UZW-Befugnis ist durchaus kritisch zu sehen, da Gemeindliche Vollzugsbedienstete keine dem staatlichen Polizeivollzugsdienst vergleichbare Ausbildung haben; es existieren hierzu ebenso wie zu den Fragen von Ausstattung oder Bewaffnung bis dato keinerlei polizeigesetzliche Vorgaben, siehe näher dazu BeckOK PolR BW/*Nachbaur*, 22. Ed. 17.01.2021, BWPolG § 125 Rn. 51 ff.
[13] BGHZ 49, 108; BGH GewA 1993, 371; *Wolff/Bachof/Stober/Kluth*, Verwaltungsrecht II § 90 Rn. 61.

Öffentliche Verwaltung

- Juristische Personen des öffentlichen Rechts,
- Körperschaften des öffentlichen Rechts

1.6 Überblick über die staatliche Verwaltung

Wie oben dargestellt werden die staatlichen Aufgaben von verschiedenen Trägern erfüllt. In erster Linie sind dies der Bund, die Länder und die Gemeinden.

Werden Kompetenzen eines Staates (des Bundes bzw. eines Landes) von dessen eigenen (nicht rechtsfähigen) Organen (also von Bundes- bzw. Landesbehörden) wahrgenommen, so spricht man von **unmittelbarer Staatsverwaltung**.

Beispiel für unmittelbare Landesverwaltung: Innenministerium, Regierungspräsidium, Landratsamt (LRA).

Auch die Gemeinden üben im Auftrag des Landes oder des Bundes Staatsgewalt i.s.v. Art. 20 Abs. 2 GG aus. Allerdings verfügen sie – anders als z.B. das LRA – über eine eigene Rechtspersönlichkeit. Dienstherr der Kommunalbeamten ist die Gemeinde und nicht das Land. Dies rechtfertigt es, die Wahrnehmung der ihnen übertragenen Aufgaben als **mittelbare Staatsverwaltung** zu bezeichnen.

Beispiel: Vollzug des Aufenthaltsgesetzes in den Landkreisen durch die Landratsämter ist unmittelbare Staatsverwaltung; in den Stadtkreisen und Großen Kreisstädten ist dieselbe Tätigkeit mittelbare Staatsverwaltung (sogen. **Pflichtaufgabe nach Weisung**). Diese unterschiedliche Trägerschaft hat auch Auswirkungen auf den Rechtsschutz. Will ein Ausländer vor dem Verwaltungsgericht gegen eine Ausweisung klagen, so ist das Land Baden-Württemberg richtiger Klagegegner, wenn ihn das LRA des Schwarzwald-Baar-Kreises ausgewiesen hat. Steht die Stadt Villingen-Schwenningen – Bürgeramt (Abtlg. Amt für öffentliche Ordnung) – als Absender auf dem Briefkopf, ist die Stadt der richtige Klagegegner.

Erlässt die Stadt, deren Gemeindevollzugsbedienstete das Abschleppen eines Fahrzeuges angeordnet haben, einen Kostenbescheid (Abschleppkosten), fließt das Geld des Kostenschuldners in die Stadtkasse. Ist Absender des Kostenbescheides eine PD, weil deren Beamte das Abschleppen angeordnet haben, erhält das Land (bzw. die PD) das Geld.

1.7 Behördenaufbau und Zuständigkeitsverteilung

1.7.1 Rechtsgrundlagen

Die Begründung der Zuständigkeit bedarf immer eines Gesetzes.[14] Spezielle Zuständigkeitsregelungen finden sich in Rechtsverordnungen (diese sind ebenfalls Gesetze im materiellen Sinn, vgl. unten 3.2.4), wie z.B. der Versammlungsgesetzzuständigkeitsverordnung (VersGZuVO) oder der Ausländer- und Asylzuständigkeitsverordnung (AAZuVO). Die Zuständigkeiten von Vollzugspolizei und Polizeibehörde im BWPolG geregelt. Allgemeine Zuständigkeitsregelungen finden sich im Landesverwaltungsgesetz (LVG).

1.7.2 Der Behördenaufbau nach dem LVG

Die großen Flächenstaaten besitzen meist eine 3-stufige Behördenhierarchie:

Zentralstufe – Mittelstufe – Unterstufe

Auf der Zentralstufe sind es die obersten Landesbehörden, nämlich die Landesregierung, der Ministerpräsident, die Landesminister und der Rechnungshof. Sie nehmen sowohl Regierungs- (=staatsleitende) Funktionen, als auch Verwaltungszuständigkeiten wahr, vgl. §§ 7 bis 9 LVG.

Auf der Mittelstufe finden sich die allgemeinen Verwaltungsbehörden (Regierungspräsidien, §§ 11 bis 14 LVG), die Landesoberbehörden sowie die höheren Sonderbehörden.

Die Regierungspräsidien (in anderen Bundesländern: Bezirksregierungen) sind zuständig für die ihnen, den höheren Verwaltungsbehörden durch Gesetz, Rechtsverordnung oder eine Anordnung nach § 4 LVG zugewiesenen Aufgaben.

Die Regierungspräsidien stehen immer wieder in der Diskussion. In Baden-Württemberg hält man an diesem 3-stufigen Aufbau jedoch fest und stärkt die Regierungspräsidien durch die Eingliederung von Sonderbehörden. Auch das Aufgehen der Landespolizeipräsidien in den Regierungspräsidien ist Teil dieser

---

[14] Dies ergibt sich z.B. für Baden-Württemberg aus Art. 70 Abs. 1 der Landesverfassung. Dieser lautet: „(1) Aufbau, räumliche Gliederung und Zuständigkeiten der Landesverwaltung werden durch Gesetz geregelt. Aufgaben, die von nachgeordneten Verwaltungsbehörden zuverlässig und zweckmäßig erfüllt werden können, sind diesen zuzuweisen."

Strategie. Nach der Wiedervereinigung verzichteten Brandenburg und Mecklenburg-Vorpommern von vornherein auf die Einrichtung von Bezirksregierungen. Thüringen bildete ein zentrales Landesverwaltungsamt. Sachsen-Anhalt hat seine Regierungspräsidien ebenfalls aufgelöst. In Rheinland-Pfalz wurden zum Jahresbeginn 2000 die Bezirksregierungen zugunsten zweier Struktur- und Genehmigungsdirektionen sowie einer Aufsichts- und Dienstleistungsdirektion abgeschafft. In Niedersachsen gibt es seit dem 01.01.2005 nur noch einen 2-stufigen Behördenaufbau.

In den Regierungspräsidien laufen die in der Zentralstufe ressortmäßig getrennten Aufgabenbereiche zusammen (**Bündelungswirkung**, Grundsatz der Einheit der Verwaltung).

Im Regierungspräsidium laufen auch die Fäden von Vollzugspolizei und Polizeibehörde zusammen. Das Regierungspräsidium in Baden-Württemberg ist also sowohl Polizeibehörde als auch Polizeidienststelle.

Das Regierungspräsidium führt somit die Fachaufsicht über die Polizeidirektionen (sowie das Polizeipräsidium Stuttgart) und die Kreis- bzw. Ortspolizeibehörden.

Landesoberbehörden sind Behörden, die einer obersten Landesbehörde (z.B. IM) unmittelbar unterstehen und für das ganze Land zuständig sind.

Beispiel: Landesamt für Verfassungsschutz, Landeskriminalamt, Statistisches Landesamt, Landesvermessungsamt (zu den Landesoberbehörden vgl. § 23 LVG), Landesamt für Besoldung und Versorgung,

Im Bereich der **besonderen Verwaltungsbehörden** finden sich auf der Mittelstufe die höheren Sonderbehörden Höhere Sonderbehörden sind gem. § 23 Abs. 3 LVG die Körperschaftsforstdirektionen und die Staatlichen Rechnungsprüfungsämter

Auf der **unteren Stufe** finden sich die **unteren Verwaltungsbehörden**. Dies sind gem. § 15 LVG:

In den **Landkreisen die Landratsämter.**

In den **Stadtkreisen** wird die Aufgabe der unteren Verwaltungsbehörde von den **Gemeindeverwaltungen** wahrgenommen.

Dasselbe gilt nach Maßgabe des § 19 LVG für die **Großen Kreisstädte** und die Verwaltungsgemeinschaften nach § 17 LVG. Die Stadtkreise haben danach dieselbe Kompetenz wie das LRA. Bei den Großen Kreisstädten sind einige Bereiche (z.B. KfZ-Zulassung, Tierkörperbeseitigung, Einbürgerung) ausgenommen.

Kapitel 1

Um **unmittelbare Landesverwaltung** handelt es sich dabei jedoch nur bei den Landratsämtern als untere Verwaltungsbehörden. Die Behörden der Kommunalverwaltung (Stadtkreise, Große Kreisstädte) üben die Landesverwaltung im Wege der **mittelbaren Staatsverwaltung** aus.

Der Behördenaufbau nach dem BWPolG:

§ 106 BWPolG	§ 107 BWPolG	LVG
Oberste Landespolizeibehörden.	zuständige Ministerien	§ 7 LVG
Landespolizeibehörden	Regierungspräsidien	§§ 10 - 14 LVG
Kreispolizeibehörden	untere Verwaltungsbehörden	§§ 15 - 19 LVG Stadtkreis, LRA, Große Kreisstadt, Verwaltungsgmeinschaft
Ortspolizeibehörde	Gemeinden	

2 Rechtsformen öffentlichen Verwaltungshandelns

Wird die Verwaltung in der Form des öffentlichen Rechts tätig, so spricht man von hoheitlicher Verwaltung. Die Verwaltung kann sich zu ihrer Aufgabenerfüllung auch privatrechtlicher Rechtsformen bedienen. Man spricht dann von privatrechtlicher öffentlicher Verwaltung.[15] Diese Unterscheidung macht es erforderlich, zunächst auf die Unterscheidung von öffentlichem Recht und Privatrecht einzugehen.

2.1 Privatrecht – öffentliches Recht

2.1.1 Praktische Bedeutung der Abgrenzung

Die deutsche Rechtsordnung unterscheidet traditionell zwischen öffentlichem Recht und Privatrecht. Diese Unterscheidung liegt allen Rechtsbereichen zugrunde. Hinweise auf die Unterscheidung finden sich insbesondere in folgenden Bestimmungen:

- Art. 33 Abs. 4 GG (Beamte und Angestellte, öffentlich-rechtliches Dienst- und Treueverhältnis)
- Für öffentlich-rechtliche Streitigkeiten ist der Verwaltungsrechtsweg (§ 40 VwGO), für privatrechtliche Streitigkeiten der Zivilrechtsweg (§ 13 GVG) gegeben.
- Hat jemand in Ausübung eines öffentlichen Amtes gehandelt, so trifft unter bestimmten Bedingungen die Verantwortlichkeit dafür den Staat (Art. 34 GG, Staatshaftung), oder die sonstige Anstellungskörperschaft. Bei privatrechtlichen Tätigkeiten gelten dagegen die allgemeinen privatrechtlichen Haftungsregelungen des Bürgerlichen Gesetzbuches (BGB).

---

[15] Diese Begriffe werden nicht einheitlich verwandt. Wir folgen der Lehrmeinung von *Wolff/Bachof* Verwaltungsrecht I 9. Aufl. 1974, § 23; fortgef. von *Wolff/Bachof/Stober/Kluth*, Verwaltungsrecht I, § 23 Rn. 38 ff. mit weiteren Nachweisen.

- Das Verwaltungsverfahrensgesetz ist nur für öffentlich-rechtliche Verwaltungstätigkeit anwendbar (§ 1 Abs. 1 LVwVfG).
- Auch für die Feststellung, ob ein **Verwaltungsakt** oder ein öffentlich-rechtlicher Vertrag gegeben ist (§§ 35, 54 LVwVfG) kommt es darauf an, ob eine Behörde auf dem Gebiet des öffentlichen Rechts tätig geworden ist.
- Nur öffentlich-rechtliche Forderungen können durch Beitreibung vollstreckt werden. Privatrechtliche Forderungen müssen eingeklagt werden.

2.1.2 Zuordnungstheorien

Für die Frage, zu welchem Rechtsgebiet ein Rechtssatz gehört, gibt es mehrere Theorien.[16] Nachfolgend werden nur die wichtigsten erwähnt:

Die **Subordinationstheorie**:
Danach liegt öffentliches Recht vor, wenn der zu qualifizierende Rechtssatz zwischen den Beteiligten ein Über-Unterordnungsverhältnis erzeugt.

Beispiel: Polizeirecht; polizeiliche Personenfeststellung; polizeiliche Beschlagnahme usw.

Diese Theorie versagt jedoch, wenn sich die Beteiligten gleichgeordnet gegenüberstehen.

Beispiel: Öffentlich-rechtliche Vereinbarungen nach § 25 GKZ, Leistungsverwaltung: Subventionen; Folgekostenverträge (BVerwGE 42, 331). Ganz abgesehen davon gibt es Über-Unterordnungsverhältnisse auch auf dem Gebiet des Privatrechts. So zum Beispiel die elterliche Sorge (§ 1631 Abs. 1 BGB) oder das Direktionsrecht des Arbeitgebers im Rahmen eines Arbeitsverhältnisses.

Die **Interessentheorie**:
Danach liegt öffentliches Recht vor, wenn der zu qualifizierende Rechtssatz die Interessen des Allgemeinwohls betrifft. Diese Theorie bringt infolge ihrer Unbestimmtheit nicht sehr viel.

Die **Sonderrechtstheorie**:

---

[16] Ausführlich zu den verschiedenen Theorien: *Wolff/Bachof/Stober/Kluth*, Verwaltungsrecht I § 22 Rn. 14 ff.

Rechtsformen öffentlichen Verwaltungshandelns

Danach liegt öffentliches Recht vor, wenn der zu qualifizierende Rechtssatz ausschließlich einen Träger hoheitlicher Gewalt – also nicht jedermann – berechtigt oder verpflichtet. Diese Theorie entspricht heute der **herrschenden Meinung**.

Beispiel: Das Polizeirecht berechtigt nur staatliche Organe – nicht aber Privatpersonen – zum polizeilichen Einschreiten. Die Gewährung von Sozialhilfe obliegt ausschließlich dem Träger der Sozialhilfe.

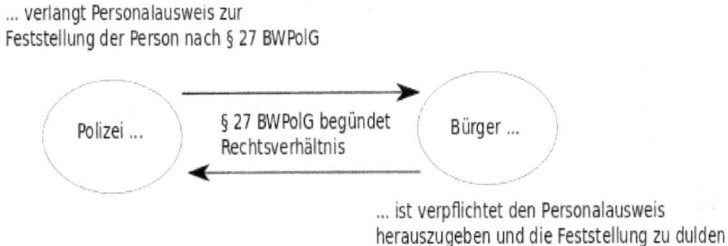

Auf der linken Seite des Rechtsverhältnisses kann nur ein Träger hoheitlicher Gewalt stehen. Damit ist bewiesen (was jeder schon weiß), dass § 27 BWPolG öffentliches Recht ist.

Die Sonderrechtstheorie wird u.a. ergänzt durch die **Sachzusammenhangstheorie**. Danach liegt ein öffentlich-rechtliches Rechtsverhältnis vor, wenn der zu qualifizierende Sachverhalt im äußeren und inneren Zusammenhang mit der Erfüllung einer Aufgabe steht, die öffentlich-rechtlich erledigt wird.

Beispiel 1: Das privatrechtliche **Verwahrungsverhältnis** ist geregelt in den §§ 688 ff. des Bürgerlichen Gesetzbuchs. Erfolgt die Verwahrung aufgrund polizeilicher Beschlagnahme oder Sicherstellung (z.B. im Rahmen des Abschleppens verkehrswidrig geparkter Fahrzeuge), ist das Verwahrungsverhältnis öffentlich-rechtlich. Die zivilrechtlichen Normen werden auf dieses öffentlich-rechtliche Verwahrungsverhältnis aber analog angewandt.

Beispiel 2: Der querulatorisch veranlagte A besucht täglich das Polizeirevier, um sich über Polizeibeamte zu beschweren. Da sein Verhalten immer massiver wird und er den Dienstbetrieb stört, spricht der Revierleiter ihm gegenüber ein **Hausverbot** aus. Das Recht zum Erlass eines Hausverbotes folgt aus privatrechtlichen Besitz- und Eigentumsrechten (§§ 859 ff., 903, 1004 BGB) und ist daher grundsätzlich privatrechtlich. Im Beispiel ist aber zu berücksichtigen, dass es sich bei dem Polizeirevier, obgleich Privateigentum des Landes, um eine **öffentliche Sache im Verwaltungsgebrauch** handelt. Das Hausverbot ist daher kraft Sachzusammenhangs öffentlich-rechtlich.[17]

Einen Sonderfall stellen die sogen. „**zweistufigen Rechtsverhältnisse**" dar.

Die erste Stufe (die Frage des „ob") wird nach öffentlichem Recht beurteilt. Die zweite Stufe (die Frage des „wie") ist privatrechtlich ausgestaltet. Die Zweistufen-Theorie spielt eine wichtige Rolle im Bereich der Leistungsverwaltung. Für das Polizeirecht ist sie nicht relevant.

Beispiel: Vergabe einer Halle (§ 10 Abs. 2 GemO); Ausübung des gemeindlichen Vorkaufsrechtes (§§ 24 f. BauGB).

Exkurs: Verwaltungsrecht und Strafrecht

Zum öffentlichen Recht aber nicht zum Verwaltungsrecht gehören das Strafrecht und das Strafprozessrecht. Die Polizei wird nur im Falle präventiv-polizeilicher Gefahrenabwehr und Störungsbeseitigung verwaltungsrechtlich tätig. Aufgrund der **Doppelfunktionalität der Polizei** muss bei polizeilichen Eingriffsmaßnahmen jeweils eine besondere Zuordnung erfolgen. Liegt sowohl eine Gefahr als auch der Verdacht einer Straftat vor, kann die Polizei ihre Eingriffsmaßnahme sowohl auf Polizeirecht als auch auf Strafverfahrensrecht stützen.

Beispiel: Razzia in einem Drogenlokal; Beschlagnahme gefährlicher Gegenstände bei einer Vorkontrolle; Personenfeststellung.[18]

Äußert sich die Polizei nicht, auf welcher Rechtsgrundlage sie tätig wird, so kommt es darauf an, wie sich die Maßnahme nach außen hin darstellt und wo das Schwergewicht des polizeilichen Handelns liegt. Bei **nachträglicher Rechtskontrolle** hängt von der Qualifizierung der Maßnahme der Rechtsweg ab. Während für

---

[17] Vgl. hierzu VGH BW NJW 2017, 3543; *Kalscheuer/Jacobsen*, NVwZ 2020, 370 ff.
[18] BGH NJW 2017, 3173 und BGH NStZ 2018, 296, wo der Polizei für den Fall sog. legendierter Kontrollen bezüglich der Rechtsgrundlage erstmals eine Art "Wahlrecht" eingeräumt wird (krit. hierzu BeckOK PolR BW/*Nachbaur*, 22. Ed. 17.1.2021, BWPolG § 35 Rn. 15.

die Überprüfung polizeilicher Maßnahmen auf dem Gebiet der Gefahrenabwehr die Verwaltungsgerichte gem. § 40 VwGO zuständig sind, entscheiden über Strafverfolgungsmaßnahmen die ordentlichen Gerichte: Gem. §§ 23 ff. EGGVG[19] das OLG im Falle originärer Handlungsbefugnis der Polizei wie bei §§ 81b 1. Alt., 131 Abs. 2, 163b StPO, sowie im Falle abgeschlossener Ermittlungsmaßnahmen. Entsprechend **§ 98 Abs. 2 Satz 2 StPO** entscheidet der Richter am Amtsgericht, wenn die Zwangsmaßnahme noch andauert und primär der Richter anordnungsbefugt ist.

Vor Durchführung einer Maßnahme sollte sich der Beamte darüber im Klaren sein, ob er präventiv oder zum Zwecke der Strafverfolgung tätig wird und auf welche Rechtsgrundlage die Maßnahme gestützt wird. Grundsätzlich ist jedoch davon auszugehen, dass auch ein strafprozessualer Anfangsverdacht Maßnahmen zur Gefahrenabwehr nicht ausschließt.[20]

Bei größeren Ereignissen stellt sich auch die Frage nach der **Einsatzleitung** sowie einer evtl. Weisungsbefugnis der StA. Gegenüber ihren Hilfsbeamten besitzt diese auf dem Gebiet der Strafverfolgung ein Weisungsrecht. Die Einsatzleitung außerhalb der Strafverfolgung liegt dagegen beim Behördenleiter der Polizeidienststelle.

Die Beurteilung strafrechtlicher Sachverhalte ist oftmals von der Klärung verwaltungsrechtlicher Vorfragen abhängig.

Beispiel: Polizeiverfügung an einen Kraftfahrer, mit seinem Fahrzeug eine Straße zu sperren. Wird der Fahrer verletzt, ist die durch den Polizeibeamten verursachte Körperverletzung nicht rechtswidrig, wenn die Maßnahme unter polizeirechtlichen Gesichtspunkten rechtmäßig war (§§ 1, 3, 9 BWPolG).

Eine besondere Rolle spielen verwaltungsrechtliche Vorfragen auch im Umweltstrafrecht (sogen. **Verwaltungsakzessorietät** des Umweltstrafrechts).

2.2 Hoheitliche Verwaltung

Die vollziehende Verwaltung ist in Deutschland zum größten Teil **hoheitliche Verwaltung**, d.h. sie handelt in den Formen des

---

[19] Die Polizei gilt dann als Justizbehörde im funktionellen Sinn.
[20] Einen Überblick zu dieser eingriffsrechtlichen Grundproblematik bei *Dörschuck*, Kriminalistik 1997, 740; ders. in Polizeiliches Eingriffsrecht, S. 27 ff.

(öffentlichen) Verwaltungsrechts. Im Rahmen der hoheitlichen Verwaltung unterscheiden wir die **obrigkeitliche** und die **schlicht hoheitliche Verwaltung**. Zur obrigkeitlichen gehört die gesamte Eingriffsverwaltung und damit auch sämtliche belastenden polizeilichen Maßnahmen. Eine typische Erscheinungsform obrigkeitlicher Verwaltung ist daher die **Polizeiverfügung**, die dem Bürger ein bestimmtes Verhalten aufgibt und im Fall der Nichtbefolgung zwangsweise vollstreckt werden kann.

Beispiele: Platzverweis, Beschlagnahme, alle auf die Generalklausel gestützten Polizeiverfügungen.

Obrigkeitliche Verwaltung ist nicht notwendigerweise mit dem Erlass eines Verwaltungsaktes verbunden.

Beispiele: Verdeckte polizeiliche Datenerhebungsmaßnahmen oder unmittelbarer Zwang sind Eingriffe in die Freiheitsrechte der Bürger und gehören somit zur obrigkeitlichen Verwaltung.

Die **schlichte Hoheitsverwaltung** greift nicht in die Rechte des Bürgers ein. Hierher gehört z.B. die gesamte Daseinsvorsorge bei Gemeinden (Kindergärten, Schwimmbad, Müllabfuhr) oder die Sozialversicherung und Sozialhilfe (sogen. gewährende Verwaltung). Aber: Obrigkeitlich, weil in die Rechte des Einzelnen eingreifend, ist auch der Abfallgebührenbescheid.

Obwohl nicht obrigkeitlich ist diese Verwaltung dennoch hoheitlich und vollzieht sich nach dem öffentlichen Recht. Auch für diesen Bereich gilt daher die Amtshaftung (Art. 34 GG).

Beispiel: Verletzt eine Erzieherin im Kindergarten ihre Aufsichtspflicht, so haftet der Staat (bzw. die Gemeinde) nach § 839 BGB, Art. 34 GG.

Die schlichte Hoheitsverwaltung ist begrifflich zu unterscheiden vom schlichten Verwaltungshandeln. Von letzterem sprechen wir, wenn eine Behörde (PVD, Verwaltungsbehörde) ohne den Erlass eines Verwaltungsaktes handelt. Näheres hierzu bei der Erörterung des Verwaltungsaktes.

2.3 Privatrechtliche öffentliche Verwaltung

Die gestaltende öffentliche Verwaltung kann sich wie jedermann der privatrechtlichen Formen bedienen, d.h. sie kann **privatrechtliche Organisationsformen** wählen oder als öffentlich-rechtliche Körperschaft auf dem Gebiet des Privatrechts Verträge abschließen.

Wenn die Verwaltung z.B. Diensträume mietet oder ein Kraftfahrzeug kauft, schließt sie einen Mietvertrag (§ 535 BGB) bzw. einen Kaufvertrag (§ 433 BGB), sie bedient sich also – wie jeder Private – privatrechtlicher Handlungsformen. Öffentliche Verwaltung in dieser Form nennt man **fiskalische Verwaltung**; den Staat in seiner Eigenschaft als Privatrechtssubjekt bezeichnet man als **Fiskus**.

Die öffentliche Verwaltung kann sich auch zur Erfüllung öffentlicher Aufgaben privatrechtlicher Organisations- und Handlungsformen bedienen. Man verspricht sich davon einen größeren finanziellen und personellen Spielraum oder die Möglichkeit schneller Entscheidungen.

Beispiele: DB AG; Stadtwerke Ulm-Neu-Ulm GmbH; Stadthallen GmbH; Stuttgarter Straßenbahn AG

Die fiskalische Verwaltung gliedert sich in folgende Untergruppen:
- Erfüllung öffentlicher Aufgaben in privatrechtlicher Form (sog. Verwaltungsprivatrecht)
- Fiskalische Hilfsgeschäfte
- Erwerbswirtschaftliche Tätigkeit

Relevant war die Unterscheidung der drei Formen fiskalischer Staatstätigkeit insbesondere für die Frage der Grundrechtsbindung. Nach der Rspr. des BVerfG ist der Staat auch dann unmittelbar an die Grundrechte gebunden, wenn er fiskalisch handelt. Für den Bereich des Verwaltungsprivatrecht war dies seit jeher unstrittig; nach der neueren Rechtsprechung des BVerfG beanspruchen die Grundrechte unmittelbare Geltung aber auch im Rahmen fiskalischer Hilfsgeschäfte und im Bereich der erwerbswirtschaftlichen Staatstätigkeit.[21] Die genannte Differenzierung der verschiedenen Untergruppen fiskalischer Staatstätigkeit hat daher für die Frage der Grundrechtsbindung an Bedeutung verloren.

---

[21] Siehe BVerfG, Beschluss v. 19.07.2016 - 2 BvR 470/08, BeckRS 2016, 50169, Rn. 30: "Unerheblich ist auch, ob die für den Staat oder andere Träger öffentlicher Gewalt handelnde Einheit „spezifische" Verwaltungsaufgaben wahrnimmt, ob sie erwerbswirtschaftlich oder zur reinen Bedarfsdeckung tätig wird („fiskalisches" Handeln) und welchen sonstigen Zweck sie verfolgt".

2.3.1 Verwaltungsprivatrecht

Hauptsächlich im Bereich der Daseinsvorsorge, der, wie wir oben gesehen haben, grundsätzlich zum Bereich der hoheitlichen Verwaltung gehört, kann die Verwaltung äußerlich privatrechtliche Formen wählen, um inhaltlich öffentliche Aufgaben zu erfüllen.

Beispiele: Deutsche Bahn AG, Post, DHL, Telekom; Lieferung von Strom, Gas und Wasser (bspw. Stadtwerke GmbH); öffentlicher Personennahverkehr (bspw. Freiburger Verkehrs AG).

Ein derartiges Handeln wird ebenfalls öffentlich-rechtlichen Bindungen unterworfen. Art. 1 Abs. 3 GG bindet „die vollziehende Gewalt" ohne Rücksicht auf die Form ihres Tätigwerdens. Es gelten also unmittelbar die **Grundrechte** sowie der **Verhältnismäßigkeitsgrundsatz** und das **Willkürverbot** (Art. 3 GG). Von Verwaltungsprivatrecht kann jedoch nur dann gesprochen werden, wenn eine wesentliche Einflussnahme des Trägers öffentlicher Verwaltung bestehen bleibt. Dies ist bei gemischtwirtschaftlichen Unternehmen (= Unternehmen mit sowohl privat wie öffentlichen Anteilseignern) jedenfalls solange der Fall, wie diese von der öffentlichen Hand qua Aktienmehrheit beherrscht werden.[22] Die Privatisierung ist in diesen Fällen eine bloß formelle.

Möglich ist jedoch auch eine **echte Privatisierung,** d.h. der Staat begibt sich seiner Einflussmöglichkeiten auf das Unternehmen durch Veräußerung von Anteilen an der Börse oder eine GmbH ohne jede Beteiligung der öffentlichen Hand schafft auf privaten Flächen einen Ort allgemeiner öffentlicher Kommunikation (sog. „öffentliches Forum"). Auch ein solchermaßen privates Unternehmen kann aber nicht gänzlich grundrechts-ungebunden agieren, sondern ist – bspw., wenn es um die Nutzung des im Privateigentum stehenden Firmengeländes durch Versammlungsteilnehmer geht – mittelbar an die Grundrechte gebunden, im genannten Beispiel an Art. 8 und 5 Abs. 1 GG („mittelbare Drittwirkung" der Grundrechte).[23]

Die Wahl der Handlungsform kann für den Betroffenen gravierende Auswirkungen haben.

---

[22] BVerfG NJW 2011, 1201 („Fraport"-Entscheidung); die Aktienmehrheit der den Frankfurter Flughafen betreibenden Fraport-AG halten die Stadt Frankfurt, das Land Hessen sowie der Bund.
[23] BVerfG NJW 2015, 2485 („Bierdosen-Flashmob").

Beispiel: Die Stadt überlässt einer Familie, die ihre Wohnung infolge eines Brandes verloren hat, Ersatzwohnraum. Handelt es sich bei dieser Überlassung um den konkludenten Abschluss eines Mietvertrages, gelten die Mieterschutzbestimmungen des BGB und das Mietverhältnis kann nur unter Beachtung der Fristbestimmungen gekündigt werden. Liegt dagegen eine auf die polizeiliche Generalklausel gestützte Einweisung vor, können die Eingewiesenen jederzeit in eine andere Wohnung umgesetzt werden.

Fiskalische Hilfsgeschäfte

Der Fiskus haftet im Rahmen fiskalischer Hilfsgeschäfte als Vertragspartner nach den Vorschriften des BGB. Wie jede Privatperson ist er auch dem öffentlichen Recht unterworfen, muss also z.B. die Vorschriften des Polizei- oder Bauordnungsrechtes beachten. Durch Kauf sächlicher Mittel werden nur mittelbar öffentliche Aufgaben erfüllt. Die Verwaltung bedient sich zwar der Mittel des Privatrechts, dennoch wird sie als öffentliche Verwaltung tätig und unterliegt unmittelbar den Bindungen der Grundrechte. Die Verwaltung kann daher ihre Geschäftspartner nicht willkürlich auswählen; es gelten das **Willkürverbot** und der **Gleichheitssatz**. Bei der Vergabe von **Abschleppaufträgen** (§ 631 BGB) muss die Polizei daher die in Frage kommenden Unternehmer gleichmäßig berücksichtigen. Ein Bewerber darf nur aus sachlichen Gründen von der Liste gestrichen werden.

In der Praxis ist die Frage der Grundrechtsgeltung in diesem Bereich weniger bedeutsam. Die Kontrolle erfolgt hier über GemHVO (§ 31), Rechnungsprüfungsamt, Rechnungshof, VOB, VOL, öffentliche Meinung.

2.3.2 Erwerbswirtschaftliche Tätigkeit

Der Fiskus betätigt sich in Ausnahmefällen erwerbswirtschaftlich mit dem primären Ziel der Gewinnerzielung, ohne hierbei ein besonderes öffentliches Interesse wahrzunehmen.

Beispiel: Badische Staatsbrauerei Rothaus AG (das berühmte *Tannenzäpfle*).

Die Übernahme der HRE-Bank sowie eines 25%-Anteils der Commerzbank während der Finanzkrise 2008 signalisieren jedoch eventuell einen Paradigmenwechsel: Der Staat versucht hier als „Super-Unternehmer" Marktprobleme zu lösen.

2.3.3 Nebeneinander von Privatrecht und öffentlichem Recht beim Abschleppen von Fahrzeugen

Anhand einer alltäglichen Maßnahme wie dem Abschleppen eines verbotswidrig geparkten Autos lässt sich sehr gut das Nebeneinander von Privatrecht und öffentlichem Recht im polizeilichen Bereich darstellen.

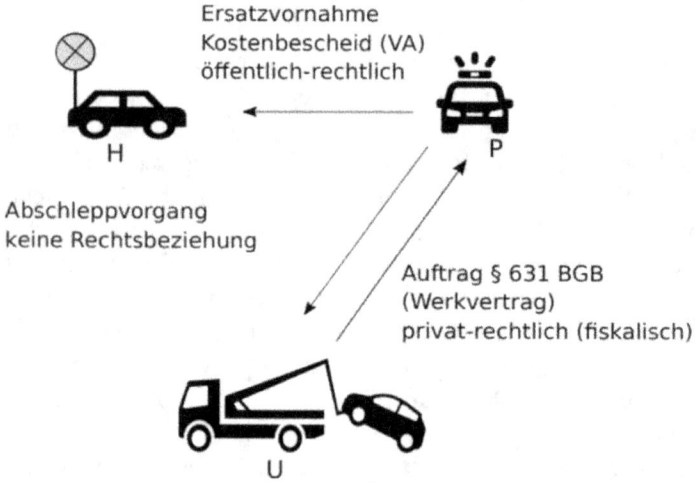

Das Fahrzeug steht im absoluten Haltverbot. Das Verkehrszeichen ist ein Verwaltungsakt, der von der Polizei durch Ersatzvornahme vollstreckt wird. Die Polizei führt die Ersatzvornahme nicht selbst durch (was durchaus möglich wäre) sondern beauftragt einen Unternehmer mit dem Abschleppen. Durch die Erteilung des Auftrags kommt zwischen dem Land (vertreten durch die PD X) und dem Unternehmer ein Werkvertrag zustande. Dies ist ein zweiseitiges Rechtsgeschäft: Die Polizei hat einen Anspruch auf Erbringung der Werkleistung gegen U, U einen Anspruch auf Bezahlung des Werklohns gegen P. Diese Ansprüche bestehen nur innerhalb des Vertragsverhältnisses; d.h. U hat keinen Anspruch gegen H, da zu diesem keine Rechtsbeziehungen bestehen. Da U eine Privatperson ist kann er auch gegenüber H keinen Abschleppkostenbescheid (= VA) erlassen.

In Baden-Württemberg kann U aber gemäß § 129 Satz 2 BWPolG durch Verwaltungsakt ermächtigt werden, die Zahlung (für die Polizei) in Empfang zu nehmen. U ist damit nicht nur

Rechtsformen öffentlichen Verwaltungshandelns

bezüglich des Abschleppens Verwaltungshelfer, sondern auch bezüglich der Entgegennahme der Abschleppkosten. Dementsprechend kann der U auch – für die Polizei – die Herausgabe des Fahrzeugs von der Bezahlung der Abschleppkosten abhängig machen.

Durch die Regelung des § 129 BWPolG ändert sich aber nichts an der grundsätzlichen Qualifizierung der Rechtsbeziehungen. Nach wie vor besteht keine Rechtsbeziehung zwischen H und U.

Kapitel 3

3 Rechtsquellen des Verwaltungsrechts

Das Zusammenleben der Bürger im Staat verlangt eine **rechtliche Ordnung**. Nur eine solche ist geeignet die Freiheit des Einzelnen, überhaupt seine Existenz zu gewährleisten. Dieses Recht hat viele Quellen: Die **christlich-abendländische Kultur**, das **Sittengesetz**, die **revolutionären Ideale** der Freiheit, Gleichheit, Brüderlichkeit (fraternitée, libertée, egalitée). Es gibt **geschriebene** (z.b. Gesetze, Verordnungen) und **ungeschriebene** (z.B. Richterrecht, Gewohnheitsrecht) **Rechtsquellen**. Im Mittelpunkt der nachfolgenden Ausführungen stehen die Rechtsquellen, auf die die öffentliche Verwaltung ihr Handeln stützt. Gem. Art. 20 Abs. 2 GG ist die „vollziehende Gewalt" und damit die öffentliche Verwaltung an „Gesetz und Recht" gebunden.

In der täglichen Polizeiarbeit spielen die Gesetze eine zentrale Rolle: Wer gegen Gesetze (z.B. die StVO) verstößt, stört die öffentliche Sicherheit und kann Adressat polizeilicher Maßnahmen werden. Die Polizei benötigt für ihre polizeilichen Maßnahmen eine gesetzliche Ermächtigungsgrundlage.

Neben den Gesetzen spielen auch allgemeine Rechtsgrundsätze wie der Verhältnismäßigkeitsgrundsatz oder das Willkürverbot eine wichtige Rolle. Diese Rechtsgrundsätze sind z.T. gesetzlich verankert (vgl. Art. 3 GG). Letztlich handelt es sich bei ihnen aber um die Grundprinzipien unserer Rechtsordnung, über deren Gültigkeit ein allgemeiner Konsens besteht.

3.1 Gemeinsame Merkmale der Rechtssätze

Nachfolgend betrachten wir nicht das Gesetz als Ganzes, sondern den einzelnen Rechtssatz, also ein einzelnes Handlungsgebot.

Rechtssätze sind **abstrakt**, d.h. sie knüpfen nicht an einen bestimmten Einzelfall an, sondern sie regeln eine unbestimmte Vielzahl von gleich gelagerten oder unterschiedlichen Fällen. Dadurch unterscheiden sich Rechtssätze oder Rechtsquellen von Verwaltungsakten, die Rechtsvorschriften *konkretisieren* sollen.

Beispiel: § 5 Abs. 1 StVO: „Es ist links zu überholen." Dieses gesetzliche Gebot gilt grundsätzlich für den gesamten Straßenverkehr. § 5 StVO ist ein Rechtssatz, kein Verwaltungsakt.

Rechtssätze knüpfen nicht an eine Person an, sondern sie wirken für oder gegen eine unbestimmte Vielzahl von Personen, also

Rechtsquellen des Verwaltungsrechts

generell. Entscheidend ist dabei nicht eine möglichst große Zahl von Normadressaten, sondern die Erfassung einer (wenn auch möglicherweise nur kleinen) **unbestimmten** Anzahl von Personen.

Rechtssätze besitzen in doppelter Hinsicht eine **Bindungswirkung**. Einmal schreiben sie dem Bürger verbindlich vor, was zwischen Staat und Bürger rechtens sein soll. Der Bürger muss das Recht befolgen. Zum anderen erzeugen Rechtssätze auch Verbindlichkeit gegenüber der öffentlichen Verwaltung und der Rechtsprechung (Art. 20 Abs. 3 GG). Die öffentliche Verwaltung muss die vom Gesetzgeber eingeräumten Ansprüche berücksichtigen.

Gesetztes Recht (geschriebenes Recht) muss **publiziert** werden, damit jedermann die **Möglichkeit** hat, davon Kenntnis zu nehmen. Dabei handelt es sich um ein rechtsstaatliches Erfordernis. Die amtliche **Publikation** erfolgt durch die Verkündung in bestimmten Verkündungsorganen (z.B. Bundesgesetzblatt; Ortsrecht im „Stadtanzeiger"). Sie ist Gültigkeitsvoraussetzung. Ob der Adressat eines Gesetzes dieses tatsächlich kennt, ist unerheblich („Unwissenheit schützt nicht vor Strafe").

Von der Publikation ist das **Inkrafttreten** zu unterscheiden. Rechtsvorschriften können zu einem späteren Zeitpunkt als dem Verkündungszeitpunkt Geltungskraft erlangen.

3.2 Die kodifizierten Rechtsquellen im Einzelnen

3.2.1 Verfassung

Die Verfassung ist die rechtliche Grundlage des Staates. Sie ist als Rechtsgrundlage für das Handeln der Verwaltung von großer Bedeutung, weil sie auf das Verwaltungshandeln ständig einwirkt. Die Verwaltung muss bei der Rechtsanwendung die Grundrechte beachten, vgl. Art. 1 Abs. 3 GG:

„Die nachfolgenden Grundrechte binden Gesetzgebung, vollziehende Gewalt und Rechtsprechung als unmittelbar geltendes Recht."

Verwaltungsentscheidungen müssen darüber hinaus dem Rechtsstaats- und Sozialstaatsprinzip entsprechen.

3.2.2 Europäisches Unionsrecht

Auf der Ebene der Europäischen Union ist zwischen primärem und sekundärem Unionsrecht zu unterscheiden. Zum primären

Unionsrecht zählen die Gründungsverträge (EGKS-Vertrag 1951, EWG- und Euratom-Vertrag 1957) sowie der „Maastricht"-Vertrag zur Gründung der Europäischen Union von 1992, aktuell geltend in der „Lissabon"-Fassung von 2009 (EU- und AEU-Vertrag) und die EU-Grundrechtecharta. Zum **europäischen Sekundärrecht** gehören die von den Organen der Union erlassenen Vorschriften. Dies sind insbesondere Richtlinien und Verordnungen.

Richtlinien wenden sich an die Mitgliedsstaaten. Sie enthalten Vorgaben zur Erreichung eines Ziels, die die Mitgliedsstaaten innerhalb einer bestimmten Frist umzusetzen haben, belassen ihnen aber Spielraum bzgl. der Mittel zur Zielerreichung. Erfolgt keine Umsetzung oder ist diese fehlerhaft, kann sich ein Unionsbürger ausnahmsweise auch auf eine Richtlinie berufen, wenn diese eine für ihn günstige Regelung enthält.

Beispiel: Die EU-Geldwäsche-Richtlinie 2015/849[24] verpflichtet die Mitgliedstaaten zum Erlass geeigneter Rechts- und Verwaltungsvorschriften zwecks Bekämpfung der Geldwäsche innerhalb einer Zweijahresfrist.

Verordnungen des Rates müssen dagegen nicht umgesetzt werden. Sie sind unmittelbar geltendes Recht und haben deshalb für die polizeiliche Praxis ebenso große Bedeutung wie die Polizeigesetze der Länder oder das Strafgesetzbuch.

Beispiel: Aus der EU-VisumVO[25] ergibt sich, welche Ausländer für einen kurzfristigen Aufenthalt bis zu 90 Tagen ohne Visum in das Schengener Vertragsgebiet (und damit auch nach Deutschland) einreisen dürfen. Ein Verstoß gegen die Verordnung kann dazu führen, dass sich ein Ausländer in strafbarer Weise illegal im Bundesgebiet aufhält.

Das gesamte **Unionsrecht** – sowohl primäres wie sekundäres – geht als **supranationales Recht** dem nationalen Recht der

---

[24] Richtlinie (EU) 2015/849 des Europäischen Parlaments und des Rates vom 20. Mai 2015 zur Verhinderung der Nutzung des Finanzsystems zum Zwecke der Geldwäsche und der Terrorismusfinanzierung, zur Änderung der Verordnung (EU) Nr. 648/2012 des Europäischen Parlaments und des Rates und zur Aufhebung der Richtlinie 2005/60/EG des Europäischen Parlaments und des Rates und der Richtlinie 2006/70/EG der Kommission, ABl. L 141, S. 73 ff.

[25] Verordnung (EU) 2018/1806 des Europäischen Parlaments und des Rates vom 14. November 2018 zur Aufstellung der Liste der Drittländer, deren Staatsangehörige beim Überschreiten der Außengrenzen im Besitz eines Visums sein müssen, sowie der Liste der Drittländer, deren Staatsangehörige von dieser Visumpflicht befreit sind (ABl. L 303 vom 28.11.2018, S. 57).

Rechtsquellen des Verwaltungsrechts

Mitgliedstaaten im Range vor (Anwendungsvorrang): Ist nationales Recht daher mit höherrangigem EU-Recht nicht vereinbar, ist es unanwendbar.

Beispiel: Unvereinbarkeit nationaler Regelungen zur anlasslosen Vorratsspeicherung von Kommunikationsverbindungsdaten mit Art. 7 (Recht auf Privatheit) und Art. 8 der EU-Grundrechtecharta (Schutz personenbezogener Daten).[26]

3.2.3 Einfaches Gesetz im formellen und materiellen Sinn

Gesetz im formellen Sinn ist die rechtliche Regelung, die durch die Gesetzgebungsorgane in einem geordneten, in der Verfassung selbst festgelegten förmlichen Gesetzgebungsverfahren ergeht, sowie ordnungsgemäß ausgefertigt und verkündet ist, also jede Anordnung, die in Gesetzesform als Akt der Legislative zustande kommt, und zwar ungeachtet ihres inhaltlichen Charakters.[27]

Beispiel: Das Polizeigesetz, die Landesbauordnung, das Straßenverkehrsgesetz, die Strafprozessordnung, usw., nicht: StVO

Gesetz im materiellen Sinn ist jeder **abstrakte** und **generelle** Rechtssatz. Hierzu gehören die meisten förmlichen Gesetze, aber auch Rechtsverordnungen, Satzungen und Gewohnheitsrecht.

Die obigen Beispiele sind Gesetze sowohl im formellen als auch im materiellen Sinn (im Gesetzgebungsverfahren zustande gekommen und generell-abstrakte Wirkung). Daneben gibt es aber auch Gesetze im nur formellen Sinn und Gesetze im nur materiellen Sinn.

Ein nur formelles Gesetz ist z.B. das Haushaltsgesetz (Art. 100 Abs. 2 GG) oder die Ratifizierung völkerrechtlicher Verträge (Art. 59 Abs. 2 GG).

Nur materielle Gesetze sind, wie bereits erwähnt, Rechtsverordnungen (Art. 80 GG), autonome Satzungen (Art. 28 Abs. 2 GG). Gesetz im materiellen Sinne ist also jede abstrakt-generelle Regelung ohne Rücksicht auf ihren Urheber.

---

[26] EuGH, NJW 2014, 2169 (dazu *Nachbaur*, ZRP 2015, 215 ff.; ders., DIE POLIZEI 2016, 252 ff.).

[27] Allgemein anerkannte Definition, vgl. *Sander/Schad,* in: *Schweickhardt/Vondung/Zimmermann-Kreher*, Allgemeines Verwaltungsrecht, Rn.69.

Kapitel 3

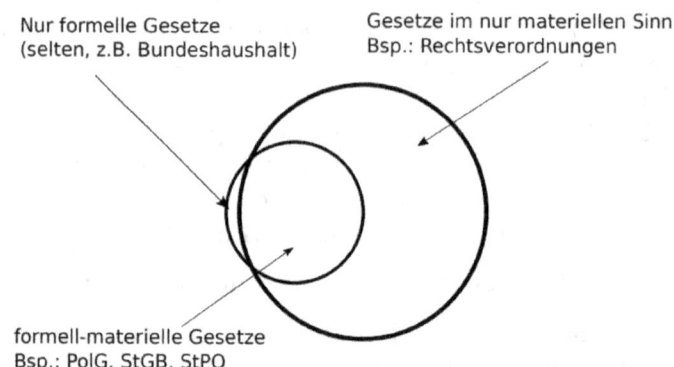

Die nach den Vorschriften des Grundgesetzes zustande gekommenen, also förmlichen Gesetze werden im Bundesgesetzblatt verkündet. Landesgesetze werden in Landesgesetzblättern veröffentlicht (Art. 82 Abs. 1 GG, Art. 63 Abs. 1 Verfassung Baden-Württemberg). Das gilt auch für Entscheidungen des Bundesverfassungsgerichts, denen Gesetzeskraft beigelegt wird (§ 31 Abs. 2 BVerfGG).

3.2.4 Rechtsverordnung

Rechtsverordnungen sind Rechtssätze (Gesetze im materiellen Sinn), die nicht vom verfassungsmäßigen Gesetzgeber, sondern von der staatlichen Exekutive erlassen werden. Ihre Zulässigkeit ist eine **Durchbrechung des Grundsatzes der Gewaltenteilung**. Sie benötigen daher eine **legislative Ermächtigung**. Das Anwachsen der staatlichen Aufgaben, die Spezialisierung der staatlichen Tätigkeit und wohl auch die Kompliziertheit des parlamentarischen Gesetzgebungsapparates haben aber dazu geführt, dass die Rechtsverordnungen in der Praxis große Bedeutung erlangt haben. Zahlenmäßig werden sie häufiger als Gesetze erlassen.

Beispiel: AufenthV; DVOPolG; StVO

Die Bindung der Verwaltung an den Gesetzgeber erfolgt durch Art. 80 GG: Jede Rechtsverordnung bedarf einer ausdrücklichen gesetzlichen Ermächtigung, die Inhalt, Zweck und Ausmaß der Ermächtigung im Gesetz selbst bestimmen muss. Das Parlament soll sich seiner Verantwortung als gesetzgebende Körperschaft nicht dadurch entäußern können, dass es einen Teil der Gesetzgebungsmacht der Exekutive überträgt, ohne die Grenzen dieser

Rechtsquellen des Verwaltungsrechts

Kompetenzen bedacht und diese nach Tendenz und Programm so genau umrissen zu haben, dass schon aus der Ermächtigung erkennbar und vorhersehbar ist, was dem Bürger gegenüber zulässig sein soll.[28]

Die **Polizeiverordnungen** nach den §§ 17 ff. BWPolG sind ebenfalls Gesetz im materiellen Sinn. In den Polizeiverordnungen der allgemeinen Polizeibehörden nach § 17 BWPolG finden sich zunehmend bußgeldbewehrte Verbote von Verhaltensweisen (z.b. Aufenthalt auf öffentlichen Straßen im Zustand der Trunkenheit), die bisher als bloße Störungen der *öffentlichen Ordnung* angesehen werden. Das Verhalten stellt dann eine Störung der *öffentlichen Sicherheit* dar.

Ermächtigungen zum Erlass von Rechtsverordnungen können auch an nachgeordnete Behörden weiter übertragen werden (Art. 61 Landesverfassung). Der Hauptvorteil der Rechtsverordnungen ist die schnellere Anpassungsfähigkeit bei veränderten Bedürfnissen.

Beispiel 1: Das Straßenverkehrsrecht kann durch die Änderung der StVO, einer auf § 6 StVG beruhenden Rechtsverordnung, rascher an die Verkehrsbedürfnisse angepasst werden als durch Gesetz.

Beispiel 2: Gem. § 4 AufenthG benötigen Ausländer für Einreise und Aufenthalt einen Aufenthaltstitel, der grundsätzlich vor der Einreise einzuholen ist. Das Gesetz regelt also nur die Grundsätze. Die notwendigen Ausnahmen, z.B. für Flugpersonal, regelt die AufenthV.

3.2.5 Satzungen

Satzungen sind Rechtsvorschriften, die von einer dem Staat nachgeordneten juristischen Person des öffentlichen Rechts im Rahmen der ihr gesetzlich verliehenen Autonomie zur Regelung ihrer eigenen Angelegenheiten mit Wirksamkeit für die ihr angehörigen und unterworfenen Personen erlassen werden.[29] Satzungen regeln gewöhnlich eine Vielzahl von Fällen für eine Vielzahl von Personen und sind daher Gesetz im materiellen Sinn.

---

[28] BVerwG, NVwZ 2003, 95, 96 (mit Bspr. *Michaelis*, JA 2003, 198).
[29] BVerfGE 33, 125, 156.

Beispiele: Sondernutzungssatzung für Fußgängerbereich; Abfallsatzung.
Zulässig sind aber auch Einzelfallsatzungen,
Beispiel: Die Gemeinde beschließt den Bebauungsplan als Satzung (§ 10 BauGB).
Satzungsgewalt besitzen u.a. die Gemeinden (Art. 28 Abs. 2 GG, § 4 GemO), und Gemeindeverbände, die Hochschulen, die Industrie- und Handelskammern, die Ärztekammern, die Anwaltskammern etc. zur Regelung der eigenen (weisungsfreien) Angelegenheiten. Die Selbstverwaltungskörperschaft (die Gemeinde, die Kammer) muss gesetzlich zum Erlass der Satzung ermächtigt sein. Im Unterschied zu den Rechtsverordnungen besitzen Satzungen nicht nur Gesetzesvollziehungsfunktion. Vielmehr ermächtigt der Gesetzgeber den Satzungsträger zu einer eigenverantwortlichen Regelung im eigenen Namen.
Beispiel: § 4 Abs. 1 GemO: „Die Gemeinden können die weisungsfreien Angelegenheiten durch Satzung regeln".
Auch Satzungen bedürfen zur Wirksamkeit der öffentlichen Bekanntgabe. Die öffentliche Bekanntmachung für den Geltungsbereich der Satzung entspricht der Gesetzesverkündung (vgl. § 1 DVO Gemeindeordnung). Kommunale Satzungen können bußgeldbewehrt sein (z.B. falsches Herausstellen beim Sperrmüll als Owi!)

3.3 Ungeschriebenes Recht

3.3.1 Gewohnheitsrecht

Gewohnheitsrecht ist ungeschriebenes verbindliches Recht. Es entsteht durch längere tatsächliche Übung, die eine dauernde und ständige, gleichmäßige und allgemeine sein muss, und durch die Überzeugung der Beteiligten, die diese Übung als verbindliche Rechtsnorm anerkennen.[30] Gewohnheitsrecht füllt die Gesetzeslücken und ergänzt das geschriebene Recht. Es kann aber auch neben diesem Wirksamkeit entfalten. Im Vergleich zum geschriebenen Recht ist die Bedeutung des Gewohnheitsrechts gering.

---

[30] BVerfGE 28, 21, 30 ff.

Rechtsquellen des Verwaltungsrechts

Beispiele: Öffentlich-rechtlicher Erstattungsanspruch,[31] Folgenbeseitigungsanspruch,[32] Gemeingebrauch und Unterhaltungspflicht an Wegen, örtlich begrenzte Feiertage (sogen. „Observanz"). Der Verkauf von Zubehörartikeln während der allgemeinen Ladenschlusszeiten, die nicht der Wiederherstellung der Fahrbereitschaft eines Fahrzeuges dienen, konnte sich nicht als gewohnheitsrechtliche Ausnahme zum Ladenschlussgesetz durchsetzen.[33] Die Geltung des aus dem Rechtsstaatsprinzip abgeleiteten Verhältnismäßigkeitsgrundsatzes wird auch gewohnheitsrechtlich anerkannt.[34]

3.3.2 Richterrecht

Richterrecht ist Rechtsquelle, soweit es für allgemeinverbindlich erklärt ist. Nach Art. 94 Abs. 2 GG i.V.m. § 32 Abs. 2 BVerfGG haben bestimmte Entscheidungen des Bundesverfassungsgerichtes Gesetzeskraft. In diesen Fällen ist die Entscheidungsformel im Bundesgesetzblatt zu veröffentlichen. Nach § 3 Abs. 1 BVerfGG binden die Entscheidungen des BVerfG u.a. die Verfassungsorgane und alle Behörden. Rechtsquelle sind auch die Entscheidungen des Verwaltungsgerichtshofes betr. die Ungültigkeit untergesetzlicher landesrechtlicher Rechtsquellen (vgl. § 47 Abs. 2 VwGO).

„Normale" Gerichtsentscheidungen entfalten ihre Rechtswirkung nur zwischen den am Rechtsstreit beteiligten Parteien („inter partes"). Veröffentlichte und sorgfältig begründete Gerichtsentscheidungen können jedoch durch ihre Überzeugungskraft und zwingende Logik **rechtsquellenähnliche Wirkung** entfalten. Für die Verwaltungspraxis wichtig sind sogen. **„Musterprozesse"**.

3.4 Allgemeine Rechtsgrundsätze

3.4.1 Gesetzmäßigkeit der Verwaltung

Art. 20 Abs. 3 GG bindet die vollziehende Gewalt an Gesetz und Recht. Diese Bestimmung enthält somit den wichtigen Grundsatz

---

[31] BVerwGE 71, 85.
[32] Vgl. Kapitel 9.3.1.2.
[33] OVG NRW, NJW 1991, 1374.
[34] *Wolff/Bachof/Stober/Kluth*, Verwaltungsrecht I § 25 Rn. 19 m.w.N.

der Gesetzmäßigkeit der Verwaltung. Dieser weist 2 Komponenten auf. Den Gesetzesvorrang und den Vorbehalt des Gesetzes.

Das Prinzip des **Gesetzesvorrangs** besagt, dass Verwaltungsmaßnahmen nicht gegen Rechtssätze verstoßen dürfen. Verstößt eine von der Verwaltung erlassene Rechtsverordnung gegen höherrangiges Recht, ist sie nichtig. Verwaltungsakte, die einem Gesetz widersprechen, sind rechtswidrig. Der Bürger kann ihre Aufhebung verlangen. Jegliches Verwaltungshandeln muss im Einklang sein mit

- der Verfassung (Art. 1 Abs. 3 GG),
- den Verfassungsgrundsätzen, insbesondere der Rechts- und Sozialstaatlichkeit. Hierzu zählt auch der Verhältnismäßigkeitsgrundsatz. Vor allem dieser ist stets zu beachten,[35]
- den Grundrechten, insbesondere dem Gleichheitssatz, Art. 3 GG,
- den Gesetzen.

Der **Vorbehalt des Gesetzes** besagt, dass Eingriffe in Freiheitsrechte des Bürgers auf ein Gesetz gestützt werden müssen. Nichts anderes besagt auch der im Strafrecht anerkannte Grundsatz „nulla poena sine lege" (vgl. Art. 103 GG). Die Bindung der Verwaltung an das Gesetz ist das Ergebnis der politischen Entwicklung vom absolutistischen Polizeistaat zum bürgerlichen Verfassungsstaat.[36] Für Grundrechtseingriffe, sei es durch Verwaltungsakt oder schlichtes Verwaltungshandeln, gilt der Gesetzesvorbehalt unbestritten. Nach heute herrschender Ansicht ist er auch im Sonderstatusverhältnis (Schule, Beamtenverhältnis, Strafvollzug) zu beachten.[37]

---

[35] Treffend *Bull/Mehde*, Allgemeines Verwaltungsrecht, Rn. 149: „Funktion eines immer im Hintergrund bereitstehenden Filters".
[36] *Bull/Mehde*, Allgemeines Verwaltungsrecht, Rn. 500.
[37] BVerfGE 33, 1 (Rechtswidrigkeit der auf die allgemeine Anstaltsordnung gestützten Zensur von Briefen Strafgefangener. Rechtsgrundlage ist nunmehr § 24 BWJVollzGB III v. 10.11.2009, GBl. 545, 575); BVerfGE 47, 78 (Sexualkundeunterricht); BVerfGE 58, 257, 264 (Schulentlassung wegen unzureichender Leistungen); BVerfGE 56, 155 (Nichtversetzung); zum Schulrecht: *Clemens* NVwZ 1984, 66 ff.; *Theuersbacher* NVwZ 1988, 886 f.

Aus dem **Gesetzesvorbehalt** ergibt sich somit, dass eine polizeiliche Eingriffsmaßnahme nur dann rechtmäßig ist, wenn ein Gesetz dem Grunde und dem Umfang nach die Polizei zu dieser Maßnahme ermächtigt. Nur wenn eine polizeiliche Maßnahme keinen Grundrechtseingriff darstellt, genügt die allgemeine Aufgabenzuweisung.

Beispiel: Streifenfahrt; Übersichtsaufnahmen, bei denen einzelne Personen nicht erkennbar sind[38] (andernfalls würde dies einen Eingriff in das Recht auf informationelle Selbstbestimmung darstellen, weshalb eine spezielle Rechtsgrundlage erforderlich wäre).

Ermächtigt eine Rechtsverordnung (Gesetz im nur materiellen Sinn) zu einer Eingriffsmaßnahme, benötigt die Ermächtigungsgrundlage ihrerseits eine legislative Ermächtigung (Gesetz im formellen Sinn).

Beispiel: Anhalten eines Fahrzeuges durch die Polizei: Ihre gesetzliche Grundlage findet die Maßnahme in § 36 StVO. Dieser wiederum hat seine Grundlage in § 6 StVG.

Der Grundsatz vom Vorbehalt des Gesetzes ist – im Gegensatz zu Art 58 BWLVerf – im GG nicht ausdrücklich normiert. Er hat seine Grundlage jedoch in **verschiedenen verfassungsrechtlichen Prinzipien**. Gem. Art. 20 Abs. 2 GG geht „alle Staatsgewalt [...] vom Volke aus. Sie wird vom Volke in Wahlen und Abstimmungen und durch besondere Organe der Gesetzgebung, der vollziehenden Gewalt und der Rechtsprechung ausgeübt." Aus dem **demokratischen Prinzip** folgt, dass es Sache des Gesetzgebers ist, zu bestimmen, ob und unter welchen Voraussetzungen die Exekutive in die Freiheitsrechte des Einzelnen eingreifen darf. Das **Rechtsstaatsprinzip** verlangt, „dass die Rechtsbeziehungen zwischen Staat und Bürger durch allgemeine Gesetze geregelt werden, die nicht nur das Verwaltungshandeln bestimmen, sondern dieses auch für den Bürger voraussehbar und berechenbar machen".[39] Aber nicht nur die Berechenbarkeit staatlichen Handelns verlangt

---

[38] Anders für Übersichtsaufnahmen im Kontext einer durch Art. 8 GG geschützten Versammlung: Wegen des damit für die Versammlungsteilnehmer eventuell verbundenen Einschüchterungseffekts haben derartige Aufnahmen die Qualität eines Eingriffs in Art. 8 GG, s. OVG NRW, BeckRS 2020, 8365, Ziff. 6 der Gründe; OVG Koblenz, BeckRS 2015, 41909, Ziff. 31 f. der Gründe.
[39] *Maurer/Waldhoff*, Allgemeines Verwaltungsrecht, § 6 Rn. 6.

ein Gesetz, auch die Verwirklichung von Gerechtigkeit ist ohne die für alle Bürger gleichermaßen geltenden Gesetze nicht denkbar. Damit ist das Vorhandensein von Gesetzen auch eine notwendige Bedingung für die Umsetzung des **Gleichheitssatzes**.

Das *BVerfG* sowie das *BVerwG*[40] begründen den Gesetzesvorbehalt über die sog. **Wesentlichkeitslehre**. Damit gilt heute ein „Vorbehalt der Entscheidung grundlegender, einer Normierung im Gesetzgebungsverfahren zugänglicher Fragen durch den Gesetzgeber".[41] Dieser sogen. **Parlamentsvorbehalt**[42] kann aus dem **Demokratieprinzip** abgeleitet werden. Die Wesentlichkeitslehre besagt, dass die Entscheidung aller wesentlichen Fragen, die den Bürger unmittelbar betreffen, durch förmliches Gesetz erfolgen muss.

Problematisch bei dieser Lehre ist die nicht einfach zu beantwortende Frage, welche Entscheidungen nun wesentlich sind.[43] Die Frage muss wohl für die Verwirklichung der Grundrechte wesentlich sein. Die politische Brisanz einer Entscheidung scheint jedenfalls nicht das entscheidende Kriterium zu sein. So lehnte das BVerfG in der Frage der Stationierung amerikanischer Atomraketen einen Gesetzesvorbehalt ab.[44]

Als Konsequenz des Demokratieprinzips und des parlamentarischen Regierungssystems ergibt sich andererseits auch die Notwendigkeit einer Entlastung des Parlaments von weniger wichtigen Angelegenheiten. In einem Gesetz kann daher die Exekutive ermächtigt werden, durch den Erlass von Rechtsverordnungen selbst Recht zu setzen (vgl. Art. 80 GG). Auch diese Rechtsverordnungen sind Gesetz im materiellen Sinn und damit auch taugliche

---

[40] BVerfGE 48, 210, 221 (Rechtsweg im Strafvollzug), BVerfGE 53, 30, 56 f. (schneller Brüter); BVerfGE 58, 257, 268 (Sexualkunde); BVerfG NJW 1988, 1651; NJW 1991, 1471, 1472; vgl. auch: BVerwGE 47,201: 5-Tage-Woche in der Schule bedarf keiner gesetzlichen Regelung; OVG NRW, DVBl. 1989, 1162: Quotenregelung zur Frauenförderung im öffentlichen Dienst bedarf einer gesetzlichen Regelung.
[41] *Hesse*, Grundzüge des Verfassungsrechts der Bundesrepublik Deutschland, 20. Aufl. 1999, Rn. 508.
[42] Zur Frage von Corona-bedingten Einschränkungen und Parlamentsvorbehalt s. VGH BW, Beschluss vom 05.11.2020 – 1 S 3405/20 (BeckRS 2020, 29935) und Beschluss vom 10.11.2020 – 1 S 3432/20 (BeckRS 2020, 23259).
[43] Kritisch deshalb *Wolff/Bachof/Stober/Kluth*, Verwaltungsrecht I, § 18 Rn. 17 ("weitgehend unbestimmt und offen").
[44] BVerfGE 66, 39, 57 ff., 60; entscheidend ist eine rechtlich-systematische Relevanz (*Bull/Mehde*, Allgemeines Verwaltungsrecht, Rn. 172).

Ermächtigungsgrundlagen für belastende staatliche Maßnahmen (vgl. das o.a. Beispiel).
Letztlich ergibt sich der **Gesetzesvorbehalt** aus den einzelnen **Grundrechten.** So bestimmt Art. 8 Abs. 2 GG:
„Für Versammlungen unter freiem Himmel kann dieses Recht durch Gesetz oder aufgrund eines Gesetzes beschränkt werden."

3.4.2 Gleichheitsgebot (Art. 3 Abs. 1 GG)

Das Gleichheitsgebot bindet die Verwaltung ebenso wie den Gesetzgeber. Der allgemeine Gleichheitssatz verlangt nicht eine Gleichbehandlung um jeden Preis (keine „Gleichmacherei"). Er gebietet diejenigen Sachverhalte gleich zu behandeln, die in wesentlichen Merkmalen gleich sind. Er verbietet daher wesentlich Gleiches ungleich zu behandeln. Welche Kriterien wesentlich sind, lässt sich nicht allgemein und abstrakt, sondern nur mit Blick auf den konkreten Sachverhalt bestimmen. Selbst dann lässt sich immer noch sehr schwer sagen, ob eine Differenzierung auch wirklich gerecht ist. Nach der ständigen Rechtsprechung des *BVerfG*[45] ist der allgemeine Gleichheitssatz dann verletzt, wenn sich ein vernünftiger, aus der Natur der Sache sich ergebender oder sonst wie sachlich einleuchtender Grund nicht finden lässt, wenn also für eine am Gerechtigkeitsgedanken orientierte Betrachtungsweise die Regelung als willkürlich betrachtet werden muss. Damit haben wir auch den eigentlichen Kein des Gleichheitssatzes: Das **allgemeine Willkürverbot**. Die Verwaltung handelt dann nicht willkürlich, wenn sich ihre Entscheidung auf sachliche vernünftige Gründe stützen lässt.

3.4.3 Verhältnismäßigkeitsgrundsatz

Der **Verhältnismäßigkeitsgrundsatz** hat heute die Funktion eines immer im Hintergrund bereitstehenden Filters[46]. Seine besondere Bedeutung hat er insbesondere bei Normen, die der Verwaltung einen Ermessensspielraum einräumen. Er gilt aber grundsätzlich auch bei gebundenen Entscheidungen. Gleichwohl ist der Verhältnismäßigkeitsgrundsatz kein allgemeiner „Weichmacher"[47]. Jede staatliche Maßnahme ist in erster Linie am Gesetz zu prüfen. Eine

---

[45] Seit BVerfGE 1, 14, 52.
[46] *Bull/Mehde*, Allgemeines Verwaltungsrecht, Rn. 149.
[47] *Schmidt-Jortzig* NJW 1989, 129, 134.

Korrektur durch den Verhältnismäßigkeitsgrundsatz kann nur dann erfolgen, wenn deutlich ist, dass die Interessenabwägung des Gesetzgebers den betreffenden Einzelfall nicht erfassen wollte.[48] Für die Anwendung des Verhältnismäßigkeitsgrundsatzes ist umso weniger Raum, als der Gesetzgeber selbst eine detaillierte verhältnismäßige Zuordnung der verschiedenen Interessen vorgenommen hat.

Beispiel: §§ 111n ff StPO im Verhältnis zu § 94 StPO

Dagegen spielt der Verhältnismäßigkeitsgrundsatz bei der Anwendung von Generalklauseln, die zu Eingriffen in die Freiheitsrechte der Bürger rechtfertigen, eine sehr große Rolle.

Beispiel: Die polizeiliche Generalklausel, §§ 1,3 BWPolG (der Verhältnismäßigkeitsgrundsatz wurde einfachgesetzlich normiert in § 5 BWPolG); § 15 VersG: in seinem berühmten Brokdorf-Beschluss verlangt das BVerfG[49] bei Auflösung und Verbot von Versammlungen eine „strikte Beachtung des Grundsatzes der Verhältnismäßigkeit".

Im Rahmen der Verhältnismäßigkeit sind im Einzelnen zu prüfen:

Geeignetheit:

Die Maßnahme muss taugliches Mittel sein, um den polizeilichen Zweck zu erreichen.

Beispiel: Sind individuelle Platzverweise zur Bekämpfung der offenen Drogenszene geeignet?[50]

---

[48] *Bull/Mehde*, Allgemeines Verwaltungsrecht, Rn. 152.
[49] BVerfGE 69, 315.
[50] Bejaht vom VG Sigmaringen, VBlBW 1995, 289: „Auch an der Verhältnismäßigkeit der ergriffenen Maßnahme hat das Gericht keine erheblichen Zweifel. Insbesondere ist der Platzverweis geeignet, die durch die offene Drogenszene im Bereich des Platzverweises entstandenen Gefahren zu beseitigen. Über diese örtlich begrenzte Wirkung hinaus dürfte zwar zutreffend sein, dass sich die Betäubungsmittelkriminalität hierdurch verlagert und anderen Ortes neue Gefahren schafft. Zu beachten ist jedoch, dass die Auflösung der Drogenszene im Bereich des Platzverweises immerhin die durch eine Duldung entstehende Anziehungskraft sowie den dementsprechend erleichterten Zugang zu Betäubungsmitteln beseitigt. Damit wird zwar die beabsichtigte vorbeugende Straftatsbekämpfung nur in Grenzen erfolgreich sein können. Eine Maßnahme bleibt jedoch im Sinne des Verhältnismäßigkeitsgrundsatzes geeignet, solange sie den angestrebten Zweck zumindest fördert."

Rechtsquellen des Verwaltungsrechts

Erforderlichkeit:

Von mehreren geeigneten Maßnahmen ist diejenige auszuwählen, die den Betroffenen am wenigsten in seinen Rechten beeinträchtigt.
Beispiel: Bevor die zuständige Behörde eine Versammlung gem. § 15 Abs. 1 VersG verbietet, muss sie mit dem Veranstalter ein Kooperationsgespräch führen. Lassen sich die anstehenden Fragen nicht klären, muss die Versammlungsbehörde prüfen, ob die erwartete Gefahr bei Durchführung der Versammlung nicht durch den Erlass entsprechender „Auflagen" abgewehrt werden kann.

Angemessenheit (= Übermaßverbot, Verhältnismäßigkeit im engeren Sinne):

Der Eingriff darf nicht schlechthin außer Verhältnis zum angestrebten Erfolg stehen. *Merke:* „Nicht mit Kanonen auf Spatzen schießen."
Beispiel: Im Rahmen eines Strafverfahrens wegen Auskunftsverweigerung gegenüber der Handwerkskammer soll die Zurechnungsfähigkeit des Angeklagten überprüft werden. Das Amtsgericht ordnet deshalb die Entnahme von Gehirnflüssigkeit an (Lumbalpunktion)[51].

Ob eine Maßnahme gegen das Übermaßverbot verstößt, ist wie folgt zu prüfen:
- Wie gewichtig ist der mit der Maßnahme verfolgte Zweck? Schwere der Gefahr die abgewehrt werden soll.
- Welche Nachteile bringt die Maßnahme für den Betroffenen und die Allgemeinheit mit sich?
- Abwägung der Nachteile, die die Maßnahme mit sich bringt, mit den Nachteilen, die abgewendet werden sollen.

---

[51] BVerfGE 16, 194.

3.5 Verwaltungsvorschriften

3.5.1 Begriff

„Dienstanweisungen", „Anordnungen", „Erlasse", „Richtlinien", „Rundschreiben", „Schnellbriefe" usw. sind Verwaltungsvorschriften. Es handelt sich dabei um innerdienstliche Weisungen vorgesetzter Behörden zum Vollzug von Rechtsvorschriften oder zur Regelung des internen Dienstbetriebes. Sie sind zwar verbindlich für die betroffenen Beamten (vgl. § 35 Abs. 1 Satz 2 BeamtStG), entfalten aber – zumindest vom Grundsatz her – keine Rechtswirkungen dem Bürger gegenüber. Rechtsquellen – oder Rechtsquellenersatz – sind sie daher nur unter engen Voraussetzungen. Wann dies der Fall ist, ist in Rechtsprechung und rechtswissenschaftlicher Lehre noch nicht endgültig geklärt.

Die Befugnis zum Erlass von Verwaltungsvorschriften, die ihre Rechtswirkung nur **innerhalb eines Verwaltungsträgers** entfalten (z.B. VwV des BMI für die Bundespolizei) ergibt sich aus der Befugnis zur Leitung des Geschäftsbereichs. Beim Vollzug von Bundesgesetzen durch die Länder ergibt sich die Befugnis aus Art. 84 Abs.2 GG. Diese Verwaltungsvorschriften sind von der Bundesregierung als Kollegialorgan und nicht nur von einem bestimmten Ministerium zu erlassen.[52]

Wir unterscheiden folgende **Arten von Verwaltungsvorschriften**:

- Verwaltungsvorschriften zur Regelung des internen Dienstbetriebes, innerdienstliche Weisungen (z.B. Anweisungen für den Umgang mit dem Bürger).
- Verwaltungsvorschriften zur Durchführung von Rechtsvorschriften (Art. 84 Abs. 2, 85 Abs. 2 GG, Art. 61 Abs. 2 LVerf)

    Hier unterscheiden wir nochmals in
    - normeninterpretierende,
    - normenkonkretisierende und
    - ermessenslenkende Richtlinien.

---

[52] BVerfGE 26, 339, 399.

Norneninterpretierende Richtlinien sind von der vorgesetzten Behörde vorgenommene Auslegungen von Rechtssätzen. Letztlich handelt es sich dabei um „ministerielle Rechtsansichten", die die Gerichte in keiner Weise binden.

Normenkonkretisierende Richtlinien dienen der **Ausfüllung unbestimmter Rechtsbegriffe** (vgl. hierzu **Fehler! Verweisquelle konnte nicht gefunden werden.**). Auch an diese VwV sind die Gerichte grundsätzlich nicht gebunden. Um eine derartige Richtlinie handelt es sich z.B. bei der technischen Anleitung zur Reinhaltung der Luft (TA-Luft) gem. § 48 BImSchG. Die TA-Luft enthält Grenzwerte, die Antwort auf die Frage geben, wann Umwelteinwirkungen „schädlich" sind. Auch an diese VwV sind die Gerichte grundsätzlich nicht gebunden. Sie betrachten die Richtlinie aber als „**antizipiertes Sachverständigengutachten**"[53] und schließen sich diesem kraft eigener Überzeugung an. In der neueren Rechtsprechung des *BVerwG* wird der Verwaltung im Immissionsschutzbereich durchaus das Recht eingeräumt, Standards mit unmittelbarer Außenwirkung zu setzen.[54]

Ermessenslenkende bzw. **ermessensbindende Verwaltungsvorschriften** schränken den Ermessensspielraum der Verwaltung ein. Sie gewährleisten, dass eine Rechtsvorschrift von verschiedenen Behörden gleichmäßig angewandt wird. Die Gerichte sind an diese Verwaltungsvorschriften nicht gebunden.

3.5.2 Außenwirkung

Wie oben bereits erwähnt, stellt die Frage der ausnahmsweise bestehenden Außenwirkung von Verwaltungsvorschriften, also ihre Eigenschaft als „**Quasi-Rechtsnormen**" das zentrale Problem dar. Verwaltungsvorschriften sind, da sie dem Bürger gegenüber keine Rechtswirkung entfalten, grundsätzlich keine Rechtsnormen. VwV entfalten grundsätzlich nur Innenwirkung, aber keine Außenwirkung. Sie können also für den Bürger keine Rechte oder Pflichten begründen. Verstößt eine Behördenentscheidung gegen VwV ist sie dem Bürger gegenüber nicht schon deshalb

---

[53] BVerwGE 55, 250.
[54] BVerwGE 72, 300 (Wyhl-Urteil); BVerwG, DVBl 1995, 516; VGH BW, NVwZ 1996, 298.

rechtswidrig (kein Verstoß gegen das Prinzip vom Gesetzesvorrang!). Erste Durchbrechungen dieses Grundsatzes haben wir oben bei den normenkonkretisierenden Verwaltungsvorschriften kennen gelernt. Es gibt noch einen weiteren allgemein anerkannten Fall von Außenwirkung:

Gem. Art. 3 GG sind alle Bürger gleich zu behandeln. Ungleichbehandlungen ohne sachlichen Grund verstoßen gegen das Willkürverbot. Wenn eine Verwaltung in den drei gleich gelagerten Fällen A, B und C gleich entschieden hat, muss Sie den in wesentlichen Bereichen gleich gelagerten Fall D entsprechend A, B und C entscheiden. Art. 3 GG führt hier zu einer **Selbstbindung der Verwaltung**. Gibt es Verwaltungsvorschriften, die bei Vorliegen bestimmter Sachverhalte bestimmte Verwaltungsentscheidungen vorsehen, kann davon ausgegangen werden, dass diese Verwaltungsvorschriften die Verwaltungspraxis widerspiegeln. Ein Abweichen von den Verwaltungsvorschriften zu Lasten des Bürgers verstößt somit gegen Art. 3 GG. Über Art. 3 GG können ermessensbindende Richtlinien daher zu „Quasi-Rechtsnormen" werden.[55] Voraussetzung ist, dass die Verwaltungsvorschriften auch dem Interesse des Betroffenen dienen sollen.

Beispiele: Verwaltungsvorschriften, die die Voraussetzungen für die Zulassung zu einer öffentlichen Einrichtung regeln; Subventionsrichtlinien

Die mittelbare Außenwirkung können die VwV schon beim ersten Mal entfalten (VwV als „**antizipierte Verwaltungspraxis**"), denn der Bürger kann darauf vertrauen, dass die Verwaltung sich an ihre eigenen Verwaltungsvorschriften hält (Vertrauensgrundsatz als Element der Rechtsstaatlichkeit). Ist die Verwaltungsübung allerdings rechtswidrig, können daraus keine Ansprüche auf Gleichbehandlung hergeleitet werden. Es gibt keine Gleichheit im Unrecht.

---

[55] Vgl. hierzu BVerwG, DÖV 1970, 275 m. Anm. *Ossenbühl*; BVerwGE 58, 45; BGH, NJW 1980, 180; OVG NRW, NVwZRR- 1989,169.

3.6 Konkurrenz der Rechtsquellen

3.6.1 Rangordnung

Wenn man die überstaatlichen und zwischenstaatlichen Rechtsquellen (Art. 25, 59 Abs. 2 GG) außer Acht lässt, ergibt sich folgende dezentrale Rangordnung:

„Normenpyramide" 1

           EU-Recht
           Bundesrecht
           Landesrecht
           Autonomes Recht

„Bundesrecht bricht Landesrecht" (Art. 31 GG). Für die mit den Art. 1 - 18 GG übereinstimmenden landesverfassungsrechtlichen Grundrechten ist dieser Grundsatz in Art. 142 GG durchbrochen. Sonst gilt er uneingeschränkt. Staatliches Recht hat Vorrang vor dem autonomen Recht der Körperschaften, Anstalten und Stiftungen des öffentlichen Rechts (vgl. etwa Art. 28 Abs. 2 GG: „...im Rahmen der Gesetze...".). Daneben ist ein grundsätzlicher **Anwendungsvorrang des Rechts der Europäischen Union** zu berücksichtigen.

Innerhalb des Bundes- bzw. Landesrechts besteht folgende Normenpyramide:

           Verfassung
           Förmliches Gesetz
           Rechtsverordnung
           Satzung

„Normpyramide 2"

3.6.2 Sonstige Kollisionsregeln

Bei **gleichrangigen Rechtsgrundlagen** gelten folgende gewohnheitsrechtlich anerkannte **Kollisionsregeln**: Das jüngere Recht geht dem älteren Recht vor, weil das Demokratieprinzip die Tradition aufheben kann, „**lex posterior derogat legi priori**". Besonders häufig ist das Verhältnis von Sondervorschriften zu Allgemeinvorschriften zu bestimmen. Hier gilt der Grundsatz: Sonderbestimmungen gelten vor allgemeinen Bestimmungen „**lex specialis derogat legi generali**".

Beispiel: Spezielle gewerberechtliche Gesetze wie das Gaststättengesetz und die Handwerksordnung gehen der Gewerbeordnung vor. Das allgemeine Gesetz greift jedoch subsidiär ein, wenn das spezielle Gesetz keine speziellen Regelungen enthält.

Das **Versammlungsgesetz** (Bundesrecht, Spezialgesetz) bestimmt abschließend die Voraussetzungen für Eingriffe in das Grundrecht der Versammlungsfreiheit.

Beispiel: Beendigung einer Versammlung unter freiem Himmel durch die Polizei: § 15 Abs. 3 VersG (Auflösung) - nicht durch Einkesselung.

Aber auch in anderen Bereichen ist der Vorrang des spezielleren Gesetzes zu beachten.

Beispiel: Abschleppen eines Fahrzeuges mit abgefahrenen Reifen[56]: Nach § 17 Abs. 1 StVZO kann die zuständige Verwaltungsbehörde (§ 68 StVZO), wenn sich ein Fahrzeug als nicht vorschriftsmäßig erweist - wozu auch eine unzureichende Bereifung gehört (§ 36 Abs. 2 StVZO) -, dem Eigentümer oder Halter eine bestimmte Frist zur Behebung der Mängel setzen und nötigenfalls den Betrieb des Fahrzeugs im öffentlichen Verkehr untersagen oder beschränken; der Betroffene hat das Verbot oder die Beschränkung zu beachten. Zu den von § 17 StVZO zugelassenen Maßnahmen gehören damit kraft bundesrechtlicher Ermächtigung für die Verwaltungsbehörden die Befugnis zur Aufforderung zur Behebung von Mängeln sowie die Untersagung oder Beschränkung des Betriebs des betreffenden Fahrzeugs. Als Betriebsuntersagung ist dabei die die Betriebserlaubnis beseitigende Maßnahme zu verstehen, durch die das betreffende Fahrzeug zu einem nicht mehr zugelassenen wird. Den in § 17 Abs. 1 StVZO vorgesehenen Maßnahmen kann die Verwaltungsbehörde gegebenenfalls durch die Anordnung sofortiger Vollziehung nach Maßgabe des § 80 Abs. 2 Nr. 4 VwGO Nachdruck verleihen. Die spezialgesetzliche Regelung des § 17 StVZO verbietet daher ein Abschleppen des Fahrzeuges im Wege der unmittelbaren Ausführung gem. §§ 1, 3,

---

[56] BVerwG Beschluss v. 21.12.1993 – 11 B 44.93, BeckRS 1993, 31257821 (Vorinstanz VGH BW, DÖV 1994, 82).

Rechtsquellen des Verwaltungsrechts

8 BWPolG. Gleiches gilt hinsichtlich der Beschlagnahme gem. § 38 Abs. 1 Nr. 1 BWPolG.

Merke:
- Bundesrecht bricht Landesrecht
- Ein neueres Gesetzt hat Vorrang vor dem älteren
- Das spezielle Gesetzt hat Vorrang vor dem allgemeinen.

4 Rechtsanwendung

Die Anwendung einer Rechtsnorm erfolgt in vier Schritten. Die nachfolgenden Betrachtungen orientieren sich dabei insbesondere an eingriffsrechtlichen Gegebenheiten.

4.1 Sachverhaltsermittlung

Im **ersten Schritt** wird der Lebenssachverhalt ermittelt und festgestellt.
Was ist tatsächlich geschehen?
Beispiel: Der Ausländer A, ein verurteilter Drogendealer, soll ausgewiesen werden. Die Ausländerbehörde hat zunächst den Sachverhalt vollständig zu ermitteln. Ihr wird seitens der StA mitgeteilt, dass A zu einer Freiheitsstrafe von 5 Jahren verurteilt wurde.

In der juristischen Ausbildung wird dieser Schritt meist simuliert. Wenn Sie eine Klausur schreiben, erhalten Sie meist einen „fertigen" Sachverhalt vorgelegt. Dadurch sind die Tatsachen vorgegeben. Es muss nichts mehr ermittelt werden, und – ganz wichtig – es darf auch nichts in eine derartige Fallschilderung hineininterpretiert werden!

4.2 Finden der Rechtsgrundlage

Im **zweiten Schritt** muss die in Betracht kommende Rechtsgrundlage gefunden werden. Wegen des Grundsatzes vom Vorbehalt des Gesetzes ist eine belastende Maßnahme nur rechtmäßig, wenn sie auf ein Gesetz gestützt werden kann. Die Rechtsnorm ist dabei der Maßstab, an dem die Eingriffsmaßnahme zu messen ist. Wenn wir am Anfang unserer rechtlichen Prüfung eine Rechtsgrundlage suchen, ist dies die Suche nach dem anzuwendenden Prüfungsmaßstab. Ob die Maßnahme – gemessen an diesem Prüfungsmaßstab – auch rechtmäßig ist, ergibt die Prüfung im dritten und vierten Schritt.

Bei der Suche nach der in Betracht kommenden Rechtsgrundlage gehen wir von der Rechtsfolge aus. Wir fragen uns: Welche Norm hält für die beabsichtigte Maßnahme die passende Rechtsfolge bereit? Dabei berücksichtigen wir insbesondere auch die

Rechtsanwendung

Zielrichtung der polizeilichen Maßnahme (Gefahrenabwehr oder Strafverfolgung).
Beispiel: Auf einem Volksfest bedroht A. im betrunkenen Zustand mit seinem Klappmesser den B. Um ihn herum stehen mehrere Jugendliche. Er simuliert Stichbewegungen. Um zu verhindern, dass eine Person zu Schaden kommt, beabsichtigen wir das Messer vorübergehend in Verwahrung zu nehmen; also den Gewahrsam des A an dem Messer zu beenden und eigenen, hoheitlichen Gewahrsam daran zu begründen. Dies stellt eine *Beschlagnahme* dar. Wir suchen also eine Rechtsnorm, die die Beschlagnahme zum Zwecke der Gefahrenabwehr als Rechtsfolge vorsieht. Ob die Beschlagnahme des Messers tatsächlich rechtmäßig wäre, steht erst am Ende der Prüfung (nach Schritt drei und vier) fest.

Bei der Suche nach der richtigen Rechtsgrundlage müssen wir den Grundsatz „lex specialis derogat legi generali" beachten. Das heißt, die speziellere Rechtsgrundlage verdrängt die allgemeine. Dies hat seinen Grund sowohl im Rechtsstaatsprinzip als auch im demokratischen Prinzip: Es ist Sache des Gesetzgebers zu bestimmen, ob und unter welchen Voraussetzungen der Staat in die Grundrechte eines Menschen eingreifen darf. Wenn nun der Gesetzgeber für einen bestimmten Eingriff spezielle Eingriffsvoraussetzungen festgelegt hat, darf der Eingriff nur erfolgen, wenn auch die Tatbestandsmerkmale dieser (speziellen) Norm erfüllt sind. Sind die Tatbestandsvoraussetzungen der speziellen Norm nicht erfüllt, ist die Maßnahme rechtswidrig, bzw. darf sie nicht durchgeführt werden. **Keinesfalls** darf jetzt ein **Rückgriff auf die allgemeine Norm** (z.B. die polizeiliche Generalklausel) erfolgen. Wir merken uns: Ist Prüfungsmaßstab für die polizeiliche Maßnahme eine Spezialnorm, ist die Maßnahme nur aufgrund dieser Spezialnorm zu beurteilen.

Die in Betracht kommende Rechtsgrundlage (also unseren Prüfungsmaßstab) entnehmen wir primär dem Spezialgesetz (z.B. Versammlungsgesetz als spezielles Gefahrenabwehrrecht). Gibt es keine spezialgesetzliche Rechtsgrundlage, ist zu prüfen, ob eine polizeiliche Standardmaßnahme in Betracht kommt. Erst wenn die polizeiliche Maßnahme nirgends ausdrücklich geregelt ist, kommt die Generalklausel in Betracht.

Neben dem angestrebten polizeilichen Zweck und der diesem entsprechenden Rechtsfolge der Norm kann auch das betroffene Grundrecht für die Auswahl der in Betracht kommenden

Rechtsgrundlage von Bedeutung sein. Diese Überlegung spielt insbesondere bei den für polizeiliche Maßnahmen sensiblen Grundrechten eine Rolle, wie z.B. dem Grundrecht der Versammlungsfreiheit, oder der Meinungs- und Pressefreiheit. So ist es allgemein anerkannt, dass das Versammlungsgesetz Eingriffe in die Versammlungsfreiheit abschließend regelt. Die Beendigung einer Versammlung durch die Polizei kann daher nur auf eine Rechtsgrundlage aus dem Versammlungsgesetz gestützt werden. Stellt eine polizeiliche Maßnahme eine Freiheitsentziehung dar, kann die Maßnahme nur auf ein förmliches Gesetz gestützt werden, welches den Anforderungen des Art. 104 GG entspricht.

Meist beurteilt sich die Rechtmäßigkeit einer polizeilichen Maßnahme nicht nur nach einer einzelnen Norm, sondern nach einem **Normenkomplex**. Zu der Grundnorm gehören ergänzende Normen, die z.B. Legaldefinitionen enthalten oder Bestimmungen über den Polizeipflichtigen.

Beispiel: Meldeauflage an einen Hooligan (H.): Grundnorm ist die polizeiliche Generalklausel (§§ 1, 3 BWPolG); die Tatbestandsvoraussetzungen ergeben sich aus § 1 BWPolG, die Rechtsfolge aus §§ 3 und 5 BWPolG. Die Maßnahme darf nur dann gegenüber dem H. erfolgen, wenn dieser auch polizeipflichtig ist. Folglich wird die Rechtsgrundlage um die Bestimmungen über die Polizeipflicht (§§ 6, 7 und 9 BWPolG) erweitert. Im Prüfschema erwähnen wir im ersten Prüfungspunkt (hier Schritt 2 wegen der Tatsachenermittlung) allerdings nur die „Hauptnorm", also die Generalklausel oder die Ermächtigungsnorm für die Beschlagnahme.

4.3 Auslegung

Im **dritten Schritt** muss der Inhalt des für die Anwendung in Frage kommenden Rechtssatzes **unabhängig vom konkreten Fall** festgestellt werden. Der Inhalt ist ggf. durch Auslegung zu ermitteln. Was besagt der gesetzliche Tatbestand?

Zum **Ausgangsbeispiel**: Gem. § 54 Abs. 1 Nr. 1 AufenthG begründet die wegen einer vorsätzlichen Straftat erfolgte rechtskräftige Verurteilung zu einer Freiheits- oder Jugendstrafe ein schwerwiegendes Ausweisungsinteresse. Diese Norm ist klar und bedarf keiner weiteren Auslegung. Neben derartigen bestimmten Rechtsbegriffen finden sich in den Rechtsnormen nicht selten sog. **unbestimmte Rechtsbegriffe**.

Beispiele für unbestimmte Rechtsbegriffe:
„Belästigungen" i.S. der §§ 1 und 3 BImSchG. Die Unbestimmtheit folgt aus der subjektiven Empfindlichkeit der Betroffenen und der Abhängigkeit von den vorgegebenen örtlichen Verhältnissen (z.b. Vorbelastung).
„Zuverlässigkeit" i. S. des § 4 GastG;
„Öffentliche Sicherheit" und „öffentliche Ordnung" ... verfassungsmäßige Ordnung" i. S. des § 1 BWPolG.

Die Verwaltung ist aber auch dann durch einen Rechtssatz gebunden, wenn Tatbestand und Rechtsfolge (letzteres selten) unbestimmte Rechtsbegriffe enthalten. Die Auslegung unbestimmter Rechtsbegriffe, d.h. die Ermittlung ihres Sinngehaltes, ist wie jede Auslegung eine Rechtsfrage, die im Fall einer Klage vom Verwaltungsgericht uneingeschränkt nachzuprüfen ist. **Bei der Auslegung von Rechtsnormen gibt es keinen Ermessensspielraum**. Auch wenn es mehrere – juristisch „vertretbare" – Auslegungsmöglichkeiten geben sollte, ist nur eine „objektiv richtig"; dies zu entscheiden, ist Sache der Gerichte. Es kann nicht sein, dass jede Verwaltungsbehörde dem Gesetz einen anderen Sinn beimisst.

Beispiel: Ein Gastwirt duldet in seinen Galträumen Verstöße gegen das BtMG (Drogenhandel). Gem. § 15 Abs. 2 GastG ist die Erlaubnis zu widerrufen, wenn nachträglich Tatsachen eintreten, die die Versagung der Erlaubnis nach § 4 Abs. 1 Nr. 1 GastG rechtfertigen würden. Die Gaststättenbehörde hat somit die Zuverlässigkeit zu prüfen. Ist der Wirt unzuverlässig, muss die Erlaubnis widerrufen werden. Was „unzuverlässig" bedeutet, wird im Gesetz nicht definiert. Die Behörde muss daher die Bedeutung durch Auslegung ermitteln. Dabei hat sie keinen Spielraum. Der Wirt ist entweder unzuverlässig oder nicht. Die letzte Entscheidung trifft das Verwaltungsgericht. Als unzuverlässig ist im Allgemeinen ein Gastwirt (ebenso wie ein Gewerbetreibender) dann anzusehen, wenn er nach dem Gesamteindruck seines Verhaltens nicht die Gewähr dafür bietet, dass er sein Gewerbe künftig ordnungsgemäß, d. h. in Übereinstimmung mit dem geltenden Recht, betreiben wird, so das BVerwG.[57] In der Praxis kann man bei der Auslegung von unbestimmten Rechtsbegriffen auf die Definitionen der

---

[57] BVerwGE 65, 1 ,2.

Rechtsprechung zurückgreifen. Gibt es keine, muss sich der Rechtsanwender selbst die Arbeit der Auslegung machen.

Weiteres **Beispiel:** Nach § 111b Abs. 1 StPO soll ein Gegenstand beschlagnahmt werden, wenn dringende Gründe für die Annahme vorhanden sind, dass die Voraussetzungen für dessen Einziehung oder Unbrauchbarmachung vorhanden sind. „Dringende Gründe für die Annahme" ist ein Tatbestandsmerkmal des § 111b StPO in Form eines unbestimmten Rechtsbegriffes. Sie liegen – gerichtlich nachprüfbar – vor oder nicht vor. Keinesfalls kann die anordnende Behörde abschließend bestimmen, ob dies in einem konkreten Fall zutrifft. Sind die Tatbestandsvoraussetzungen zu bejahen, trifft die Behörde eine Ermessensentscheidung über die Sicherstellung.

Die verschiedenen Auslegungsmethoden sollen nachfolgend näher erläutert werden.

4.3.1 Auslegung nach dem Wortlaut

Der Inhalt der Rechtsnorm soll vom allgemeinen Sprachgebrauch her erfasst werden. Besonderheiten der Rechtssprache sind zu berücksichtigen.

Beispiel: Besitz im Gegensatz zu Eigentum. Umgangssprachlich wird der Eigentümer eines Hauses als „Hausbesitzer" bezeichnet. Ist das Haus vermietet, ist der Mieter jedoch Besitzer im rechtlichen Sinne.

Der Begriff „Eigentum" ist darüber hinaus das Ergebnis einer rechtlichen Prüfung. Wenn eine Rechtsnorm Eigentum voraussetzt, so heißt das, dass die gesetzlichen Voraussetzungen erfüllt sein müssen, unter denen Eigentum an einer Sache erworben wird.[58]

Enthalten Gesetze Legaldefinitionen sind diese anzuwenden.

Beispiele: § 90 BGB, Sachen im Sinne des Gesetzes sind nur körperliche Gegenstände; Nachtzeit in § 104 Abs. 3 StPO.

Die Grenze der Wortlaut- oder auch grammatikalischen Auslegung ist der äußerste mögliche Wortsinn eines Begriffs. Jenseits dessen beginnt die – im Strafrecht gem. Art. 103 Abs. 2 GG

---

[58] *Zippelius*, Juristische Methodenlehre, 8. Auflage 2003, S. 45.

Rechtsanwendung

verbotene – Analogie.[59] Dies bedeutet, die nachfolgend vorgestellten Auslegungsmethoden dürfen jedenfalls im Strafrecht nicht zu einem Ergebnis führen, welches vom Wortlaut nicht mehr erfasst wird.

Beispiel: Ein im Rahmen einer Polizeikontrolle als Angriffsmittel eingesetzter Pkw ist vom möglichen Wortsinn des Begriffs der „Waffe" i. S. d. § 113 Abs. 2 Satz 2 Nr. 1 StGB nicht mehr umfasst. Die Verurteilung des Täters wegen Widerstands gegen einen Vollstreckungsbeamten in einem besonders schweren Fall war vom BVerfG daher aufzuheben[60] (als Reaktion auf dieses Urteil wurde § 113 Abs. 2 Satz 2 Nr. 1 StGB vom Gesetzgeber um den Passus „...oder ein anderes gefährliches Werkzeug" ergänzt).

4.3.2 Historische Auslegung

Erhellend für den Inhalt einer Rechtsnorm ist auch deren Zustandekommen. Dabei hat der Rechtsanwender u.a. auch das politische, gesellschaftliche oder ökonomische Umfeld zur Zeit des Gesetzgebungsverfahrens in den Blick zu nehmen. Welche Probleme oder Konflikte haben den Gesetzgeber zur Schaffung der auszulegenden Rechtsnorm veranlasst?

Zu fragen ist auch: Was hat den Gesetzgeber veranlasst, gerade diese Rechtsnorm zu erlassen? Dabei kommt es allerdings nicht auf die Absichten der am Gesetzgebungsverfahren beteiligten Personen an. Abzustellen ist vielmehr auf den „objektivierten Willen" des Gesetzgebers. Dieser wird regelmäßig in der amtlichen Begründung eines Gesetzes zum Ausdruck gebracht (vgl. die „Bundestagsdrucksachen", „Landtagsdrucksachen"). Wichtige Materialien für die Beurteilung der Entstehungsgeschichte sind u.a. auch Sitzungsprotokolle der Parlamente und Parlamentsausschüsse (da derartige Materialien den PVD-Angehörigen üblicherweise nicht bekannt sind, spielt die historische Auslegung für die polizeiliche Praxis keine oder nur eine untergeordnete Rolle).

---

[59] BVerfGE 71, 115 (= NStZ 1986, 261); 87, 224 (= NJW 1993, 1457); BVerfG NStZ 2009, 83: Ein Pkw ist vom möglichen Wortsinn des Begriffs der „Waffe" nach § 113 Abs. 2 Satz 2 Nr. 1 StGB nicht mehr umfasst.
[60] BVerfG, NStZ 2009, 83.

4.3.3 Teleologische Auslegung

Die teleologische Auslegung (von griech. „telos" = Ziel) ist die wichtigste Auslegungsmethode. Sie fragt nach Sinn und Zweck einer Norm und versucht, die in einem Gesetz zum Ausdruck kommenden Bewertungen der beteiligten Interessen zu ermitteln, um so bei der Gesetzesanwendung zu einer sachgerechten und rationalen Entscheidung zu kommen.[61]

Beispiel: Gem. § 21a Abs. 1 S. 1 StVO gilt die Anschnallpflicht „während der Fahrt". Fraglich ist, ob der Gurt auch angelegt sein muss, wenn ein Fahrzeug vor dem geschlossenen Bahnübergang steht und wartet, bis die Schranke wieder hochgeht. Obwohl dem Begriff „Fahrt" schon vom allgemeinen Sprachgebrauch her ein Moment der „Bewegung" innewohnt, meint der BGH, Fahrt i. S. d. § 21a Abs. 1 Satz 1 StVO bedeute „Benutzung eines Kfz als Beförderungsmittel im Straßenverkehr" und schließe daher kurzzeitige verkehrsbedingte Fahrtunterbrechungen ein.[62] Das OLG Düsseldorf[63] hingegen entschied: „Wer anhält, fährt nicht"; zudem sei es wenig sinnvoll, dem vor der geschlossenen Bahnschranke wartenden Kfz-Führer zu gestatten, auszusteigen, ihm aber nicht zu erlauben, den Gurt zu lösen, wenn er im Fahrzeug sitzen bleibt. Im Hinblick auf **Sinn und Zweck der Gurtpflicht** erscheint die OLG-Auffassung auch deswegen überzeugender, weil § 21a Abs. 1 Satz 2 Nr. 3 StVO die Gurtpflicht u.a. für „Fahrten mit Schrittgeschwindigkeit" wegen der dann nur geringen Verletzungsgefahr suspendiert. Auf den Punkt gebracht hätte die BGH-Meinung zur Konsequenz, dass sich ein Fahrzeugführer abschnallen darf, wenn er sein Auto mit Blick auf die sich senkende Schranke langsam ausrollen lässt (Schrittgeschwindigkeit); in dem Moment aber, in dem das Fahrzeug dann vollständig zum Stehen kommt, müsste er sich wieder anschnallen, da die verkehrsbedingte Fahrtunterbrechung nach Auffassung des BGH ja „während der Fahrt" i. S. d. § 21a Abs. 1 S. 1 StVO stattfindet. Dass ein solches Ergebnis widersinnig ist, versteht sich von selbst (Merke: Auch ein BGH kann irren!).

---

[61] *Wolff/Bachof/Stober/Kluth*, Verwaltungsrecht I, § 28 Rn 43 f.
[62] BGH NJW 2001, 1485 m. (krit.) Bspr. *Hentschel* NJW 2001, 1471 f.
[63] OLG Düsseldorf, VRS 1987, 211.

4.3.4 Systematische Auslegung

Die **systematische Interpretation** untersucht den Kontext einer Vorschrift im Gesetz oder auch mit Blick auf das gesamte Normengefüge. Ziel dieser Methode ist eine Rechtsordnung frei von Widersprüchen. Sie ermittelt den Sinn der Begriffe, indem sie ihr verschiedenes Vorkommen in Rechtssätzen miteinander vergleicht.[64]

Beispiel: Nach § 56 Abs. 1 BWPolG ist Voraussetzung für die polizeiliche Ausschreibung von Personen und Kraftfahrzeugen u.a., dass die Ausschreibung zur vorbeugenden Bekämpfung bestimmter Straftaten erforderlich ist. Fraglich ist, wie der Begriff „vorbeugende Bekämpfung von Straftaten" zu verstehen ist. „Vorbeugende Bekämpfung von Straftaten" umfasst im Grundsatz sowohl die Verhütung von Straftaten („Verhinderungsvorsorge") als auch die Vorsorge für die Verfolgung künftiger Straftaten („Verfolgungsvorsorge"). Die Verfolgungsvorsorge ist nach der Rspr. des BVerfG dem „gerichtlichen Verfahren" und damit dem Strafrecht zuzuordnen, für welches Bund und Länder gem. Art. 74 Abs. 1 Nr. 1 GG konkurrierend gesetzgebungsbefugt sind. Die fragliche Vorschrift befindet sich aber im Polizeigesetz und dieses dient in erster Linie der Gefahrenabwehr und nicht der Strafverfolgung. Aus der systematischen Stellung der Norm ergibt sich somit, dass der Begriff der „vorbeugenden Bekämpfung von Straftaten" zunächst nur die Verhinderungsvorsorge erfasst, die als Teilaspekt der Gefahrenabwehr nach Art. 70 GG in die Gesetzgebungskompetenz des Landes fällt.[65] Für eine (ergänzende) landesrechtliche Regelung, die den Bereich der Verfolgungsvorsorge miterfassen würde, ist kein Raum, da der Bundesgesetzgeber die polizeiliche Ausschreibung von Personen und Kraftfahrzeugen zwecks Strafverfolgung inklusive Verfolgungsvorsorge in § 163e StPO abschließend geregelt hat. Vorbeugende Straftatenbekämpfung i. S. d. § 56 Abs. 1 BWPolG kann sich also nur auf die Verhinderungsvorsorge beziehen.[66]

Unterarten der systematischen Interpretation sind die **verfassungskonforme** und die **unionsrechtskonforme Auslegung**: Gibt

---

[64] *Bull/Mehde,* Allgemeines Verwaltungsrecht, Rn. 539.
[65] VGH BW, VBlBW 2015, 167, 169 f.
[66] *Trurnit,* VBlBW 2021, 441, 445.

es nach dem Wortsinn mehrere Auslegungsmöglichkeiten, so ist immer die Auslegung zu wählen, die im Einklang mit der Verfassung bzw. dem Recht der Europäischen Union steht.
Beispiel: Die Auflösung einer nicht angemeldeten Versammlung gem. § 15 Abs. 3 VersG wäre vom Wortlaut her möglich, stünde aber im Widerspruch zu Art. 8 GG. Interpretiert man den § 15 Abs. 3 VersG dahingehend, dass die unterlassene Anmeldung allein keinen Auflösungsgrund darstellt, ist der Rechtssatz mit der Verfassung vereinbar.

4.3.5 Beispielfall zu den verschiedenen Auslegungsmethoden

Der „motorisierte Krankenfahrstuhl" – nur etwas für „Kranke"? [67]

Leo Lauffaul hat sich – da derzeit alkoholbedingt ohne Fahrerlaubnis, ansonsten aber kerngesund – einen motorisierten Krankenfahrstuhl i. S. d. § 4 Abs. 1 Satz 2 Nr. 2 FeV angeschafft. Auf dem Weg zum wohlverdienten Feierabendbier wird er von zwei Freunden in Blau angehalten und mit dem Vorwurf „Fahren ohne Fahrerlaubnis" konfrontiert. Zu Recht?

Gemäß § 4 Abs. 1 Satz 2 Nr. 2 FeV sind „motorisierte Krankenfahrstühle" fahrerlaubnisfrei. Nach der Legaldefinition des Gesetzes handelt es sich dabei um „nach der Bauart zum Gebrauch durch körperlich gebrechliche oder behinderte Personen bestimmte Kraftfahrzeuge mit einem Sitz, einem Leergewicht von max. 300 kg und einer durch die Bauart bestimmten Höchstgeschwindigkeit von max. 15 km/h". Fraglich ist im vorliegenden Kontext die Bedeutung des Merkmals „zum Gebrauch durch körperlich gebrechliche oder behinderte Personen bestimmt":

- Bereits der **Wortlaut** der Vorschrift legt nahe, dass das Kfz „Krankenfahrstuhl" zwar zum Gebrauch durch einen bestimmten Personenkreis bestimmt, jedoch nicht allein diesem vorbehalten sein soll, Gebrechlichkeit des Benutzers mithin keine Voraussetzung für die Fahrerlaubnisfreiheit darstellt.

---

[67] Fall nach BVerwG, NJW 2002, 2335.

- Gestützt wird die Wortlautinterpretation durch die **systematische Stellung** der Vorschrift zwischen anderen Bestimmungen der FeV, welche die Fahrerlaubnisfreiheit ebenfalls allein an objektive Bedingungen knüpfen (so etwa für Mofas oder selbstfahrende Arbeits- und Zugmaschinen, vgl. § 4 Abs. 1 Satz 2 Nr. 1 und 3 FeV). Zudem belegt die wortgleiche Vorschrift des § 2 Nr. 13 i. V. m. § 3 Abs. 2 Nr. 1e FZV, dass § 4 Abs. 1 Satz 2 Nr. 2 FeV zwar auf die Personengruppe der Behinderten abzielt, aber davon absieht, eine entsprechende Benutzung zur Voraussetzung zu erheben. Denn die genannte FZV-Bestimmung bezieht sich allein und unmittelbar auf das KfZ selbst und kann als Ausnahmevorschrift die Befreiung von der Zulassungspflicht schon aus Gründen der Normenklarheit nicht von der Frage abhängig machen, ob das zulassungsfreie Fahrzeug von Behinderten oder Nicht-Behinderten benutzt wird.
- Auch der Gesetzgeber selbst geht bzw. ging im Übrigen davon aus, dass die Fahrerlaubnisfreiheit unabhängig von der Behinderteneigenschaft des Fahrers zu sehen ist (**historische Auslegung**): Denn anlässlich der Schaffung der FeV hat der Verordnungsgeber in der Gesetzesbegründung seine Erwartung zum Ausdruck gebracht, mit dieser Fassung seien Krankenfahrstühle nunmehr so definiert, „dass es künftig ausgeschlossen ist, Pkws unter dem Begriff Krankenfahrstühle einzuordnen".[68]
- Schließlich sprechen auch Sinn und Zweck (**teleologische Interpretation**) für ein solches Verständnis der Vorschrift: Die Fahrerlaubnisfreiheit für bestimmte Kraftfahrzeuge wie den motorisierten Krankenfahrstuhl besteht deswegen, weil dessen Gefahrträchtigkeit – insbesondere mit Blick auf die maximal mögliche Fahrgeschwindigkeit von 15 km/h – im Vergleich mit fahrerlaubnispflichtigen Fahrzeugen nach der Wertung des Gesetzgebers deutlich geringer einzuschätzen ist. Je geringer aber die Gefahrträchtigkeit eines Kraftfahrzeugs, desto geringer sind die Anforderungen an den Fahrzeugführer.

---

[68] BR-Drs. 443/98, S. 215.

Ergebnis: Die Auslegung des § 4 Abs. 1 Satz 2 Nr. 2 FeV ergibt nach allen anerkannten Methoden, dass die Fahrerlaubnisfreiheit der Nutzung des motorisierten Krankenfahrstuhls durch Leo Lauffaul nicht davon abhängig ist, ob dieser gebrechlich oder behindert ist.

4.4 Ziel der Gesetzesinterpretation

Ziel der Auslegung ist es eine **gerechte** Lösung einer Rechtsfrage zu finden. Dies gilt unbestritten, wenn es sich bei dem Rechtsanwender um einen Richter handelt. Schließlich besitzt die Justiz die alleinige Kompetenz, Rechtsfragen abschließend zu entscheiden. Handelt es sich beim Rechtsanwender um einen Polizeibeamten, sind auch Gesetzesinterpretationen zulässig, die polizeiliche Interessen (im materiellen, nicht institutionellen Sinne) stärker berücksichtigen, solange sie sich im Rahmen zulässiger Interpretation halten, also mit den oben dargelegten Interpretationsmethoden begründbar sind. Natürlich besteht bei jeder Rechtsanwendung die Gefahr, dass die eigene Rechtsansicht nicht von anderen geteilt wird. Welche Rechtsansicht objektiv betrachtet die richtige ist, lässt sich nicht sagen. Nur liegt eben – wie oben bereits erwähnt – die Kompetenz einer abschließenden Klärung bei den Gerichten. So kann es durchaus vorkommen, dass die Polizei die Entscheidung einer Rechtsfrage sorgfältig begründet, die eigene Rechtsauffassung vom Verwaltungsgericht aber nicht geteilt wird. Einer derartigen Situation kann man auch etwas Positives abgewinnen, denn davon lebt die Rechtsfortbildung in einer lebendigen Gesellschaft.

4.5 Subsumtion

Im **vierten Schritt** erfolgt die Subsumtion. Das ist die Anwendung des allgemeinen Gesetzes auf den konkreten Einzelfall. Der Rechtsanwender überprüft, ob der konkrete Lebenssachverhalt dem abstrakten Tatbestand entspricht. „Abstrakter Tatbestand" meint hier die Tatbestandsmerkmale der Norm mit dem Inhalt, den wir oben im dritten Schritt festgestellt haben. Kann dies bejaht werden, ist die gesetzlich vorgesehene Rechtsfolge im konkreten Fall anzuwenden.

Beispiel: A wurde wegen Verstoßes gegen das BTMG zu 5 Jahren Freiheitsstrafe verurteilt. Damit entspricht der konkrete Fall dem abstrakten Tatbestand der Norm. Die Tatbestandsvoraussetzungen des § 54 Abs. 1 Nr. 1 AufenthG sind erfüllt. Es besteht kraft Gesetzes ein besonders schwerwiegendes Ausweisungsinteresse.

4.6 Falllösung

Bei der Falllösung empfiehlt sich folgende Vorgehensweise:
Zuerst suchen wir eine Rechtsgrundlage, deren Rechtsfolge die polizeiliche Maßnahme vorsieht (s. oben 4.2). Dabei berücksichtigen wir bereits das Konkurrenzverhältnis der Normen untereinander. Bei einer schriftlichen Falllösung beginnen wir unsere Ausführungen mit dem Niederschreiben des fallrelevanten Teils der Rechtsgrundlage.

Beispiel: Die Polizei kann eine Sache nach § 38 Abs. 1 Nr. 1 BWPolG beschlagnahmen, wenn dies erforderlich ist zum Schutz eines einzelnen oder des Gemeinwesens gegen eine unmittelbar bevorstehende Störung der öffentlichen Sicherheit oder Ordnung.

Bei der Analyse der Tatbestandsmerkmale der Norm unterscheiden wir, ob es sich um Merkmale handelt, die die Rechtsfolge beschreiben oder um solche, die Voraussetzungen für die Maßnahme (Eingriffsvoraussetzungen) darstellen. Im Beispiel beschreibt der Begriff der Beschlagnahme die Rechtsfolge; er ist nicht Eingriffsvoraussetzung. Der Umstand, dass die Polizei den Gewahrsam des Adressaten an der Sache zum Zwecke der Gefahrenabwehr beenden möchte, ist Grund für die Entscheidung, diese Norm als Prüfungsmaßstab zu wählen. Dass es sich um eine Beschlagnahme handelt, ist deshalb bereits bei der in Betracht kommenden Rechtsgrundlage zu prüfen (Prüfschema bei I.).

Sodann fertigen wir eine Liste der einzelnen Eingriffsmerkmale. Im Beispiel: Sache, Störung der öffentlichen Sicherheit, unmittelbar bevorstehend, Erforderlichkeit der Beschlagnahme. Die Zugehörigkeit des handelnden Beamten zur Polizei ist bei der formellen Rechtmäßigkeit (sachliche Zuständigkeit) zu prüfen. Zeichnet sich eine Störung der öffentlichen Sicherheit ab, braucht die öffentliche Ordnung nicht mehr geprüft zu werden.

Gegebenenfalls ermitteln wir den Inhalt eines jeden Tatbestandsmerkmals durch Auslegung (s. oben 4.3), anschließend überprüfen wir, ob das konkrete Sachverhaltselement vom abstrakten Tatbestandsmerkmal erfasst wird (s. oben 4.5).

Beispiel (Klappmesser-Fall oben): Sachen sind körperliche Gegenstände (entsprechend der Legaldefinition in § 90 BGB). Das Klappmesser des A. ist ein körperlicher Gegenstand. Es handelt sich damit um eine Sache im Sinne des Gesetzes. Die öffentliche Sicherheit umfasst die Unversehrtheit der Rechtsordnung, Individualrechtsgüter und die staatlichen Einrichtungen. Eine Störung der öffentlichen Sicherheit liegt vor, wenn ein Schaden an einem dieser Rechtsgüter eingetreten ist. Wenn A mit seinem Messer einen anderen verletzt, stellt dies eine Körperverletzung im Sinne des § 223 StGB dar und somit eine Störung der öffentlichen Sicherheit. Eine Störung steht unmittelbar bevor, wenn es mit an Sicherheit grenzender Wahrscheinlichkeit in allernächster Zeit zu einem Schaden an einem von der öffentlichen Sicherheit erfassten Rechtsgut kommt. A ist sichtbar betrunken. Seine Hemmschwelle ist deshalb nach polizeilicher Erfahrung deutlich gesenkt. Er führt bereits Stichbewegungen aus. Es ist deshalb mit an Sicherheit grenzender Wahrscheinlichkeit damit zu rechnen, dass A entweder den B. oder einen der sich in unmittelbarer Nähe aufhaltenden Jugendlichen verletzt. Die Störung der öffentlichen Sicherheit steht deshalb unmittelbar bevor. Die Beschlagnahme ist erforderlich, wenn es kein milderes, aber gleichermaßen geeignetes Mittel gib. Es wäre zwar weniger einschneidend, wenn die Polizei den A. nur ermahnen würde. Aufgrund der Trunkenheit des A. ist aber nicht damit zu rechnen, dass diese Vorgehensweise nachhaltigen Erfolg hätte. Die Beschlagnahme war deshalb erforderlich. Zwischenergebnis: Die Tatbestandsvoraussetzungen sind erfüllt.

Hinweis: Dass es sich bei dem Messer um eine Sache handelt, ist dermaßen evident, dass hier eine einfache Behauptung reichen würde.

5 Ermessen

5.1 Ermessensvorschriften

Im öffentlichen Recht unterscheiden wir Normen, die bei Vorliegen der Tatbestandsvoraussetzungen eine bestimmte Behördenentscheidung zwingend vorsehen und solchen, die der Behörde einen Ermessensspielraum einräumen. Bevor wir uns inhaltlich mit dem Thema „Ermessen" beschäftigen, ein kurzer Blick auf die unterschiedlichen Arten von Rechtsnormen und deren Struktur:

Rechtsnormen sind zweigliedrig aufgebaut: Sie bestehen aus Tatbestand und Rechtsfolge. Ist der **Tatbestand** erfüllt, so tritt die **Rechtsfolge** ein.

5.2 Rechtsnormen ohne Ermessen

Rechtsnormen ohne Ermessen sind in Form des folgenden Konditionalsatzes aufgebaut:

Wenn die Tatbestandsvoraussetzungen erfüllt sind, *dann* wird die gesetzlich vorgesehene Rechtsfolge gesetzt.

Beispiel 1: §§ 15, 4 GastG

Gesetzlicher Tatbestand: Gastwirt besitzt nicht die für seinen Gewerbebetrieb erforderliche Zuverlässigkeit.

Konkreter Sachverhalt: Gastwirt duldet in seinem Lokal illegalen Betäubungsmittelhandel.

Rechtsfolge: Widerruf der Gaststättenerlaubnis durch die zuständige Behörde.

Beispiel 2: § 15 Abs. 4 VersG:

Gesetzlicher Tatbestand: Eine verbotene Veranstaltung ist aufzulösen.

Konkreter Sachverhalt: Es handelt sich um eine Versammlung; die Behörde hat diese Versammlung verboten.

Rechtsfolge: Auflösung der Veranstaltung durch die zuständige Behörde.

Die Beispiele sind Fälle sog. gebundener Verwaltungsentscheidungen. Die Behörde hat hier auf der Rechtsfolgeseite keinen Ermessensspielraum.

5.3 Rechtsnorm mit Ermessen

Eine Rechtsnorm, die eine Behörde zu einer Ermessensentscheidung ermächtigt, ist in Form eines Konditionalsatzes (Wenn-Dann-Satzes) aufgebaut:

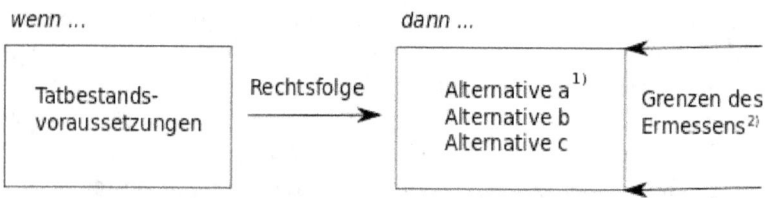

[1] Frage der Zweckmäßigkeit
[2] Nur diese überprüft das Verwaltungsgericht

Wenn die Tatbestandsvoraussetzungen erfüllt sind, *dann* trifft die Behörde eine Ermessensentscheidung. Mögliche Rechtsfolgen: a, b oder c.

Der Gesetzgeber kann sich darauf beschränken, die mit den gesetzlichen Regelungen angestrebten **Ziele** festzulegen und im Übrigen die Verwaltung ermächtigen, unter bestimmten Voraussetzungen nach ihrem **Ermessen**, die für den jeweiligen konkreten Fall **zweckmäßigste** und **gerechteste** Regelung zu treffen. Die Einräumung von Ermessensspielräumen ist daher nicht rechtsstaatsfeindlich. Sämtliche zu entscheidenden Lebenssachverhalte können vom Gesetzgeber niemals vorausgesehen werden und sind deshalb legislativ nur grob typisierend und schematisierend erfasst.

Im Polizeirecht ist grundsätzlich das **Opportunitätsprinzip** maßgebend, im Gegensatz zu dem im Strafverfahrensrecht geltenden Verfolgungszwang, dem sogen. **Legalitätsprinzip** (vgl. §§ 152 Abs. 2, 163 StPO). Ermessen ergibt sich bereits aus dem Wortlaut der polizeigesetzlichen Befugnisnormen: Die Polizei *kann* eine Person befragen ..., die Polizei *kann* eine Sache beschlagnahmen ..., die Polizei *kann* eine Person in Gewahrsam nehmen ....

Merke: Ermessen ist immer **Handlungs-** oder **Verhaltensermessen**, nicht ein Ermessen zur Tatbestandsbeurteilung (kein kognitives Ermessen). Ermessen betrifft die Rechtsfolge der Norm.

Ermessen und unbestimmter Rechtsbegriff

Im Falle der Bedrohung eines Rechtsguts hat die Polizei zu prüfen, ob sie einschreitet (**Entschließungsermessen**) und wenn ja, welches polizeiliche Mittel sie zur Gefahrenabwehr einsetzt, bzw. welchen von mehreren Störern (Störerauswahl), sie in Anspruch nimmt (**Auswahlermessen**). Die Auswahl des polizeilichen Mittels erfolgt unter Beachtung des Verhältnismäßigkeitsgrundsatzes (s. oben 3.4.3). Von mehreren in Betracht kommenden Mitteln darf nur dasjenige ausgewählt werden, welches zur Abwehr der konkreten Gefahr geeignet ist. Von mehreren geeigneten Mitteln soll die Polizei das den Betroffenen am wenigsten in seinen Rechten beeinträchtigende auswählen. Mit der Bedeutung des gefährdeten Rechtsguts bzw. der Schwere der drohenden Rechtsgutsverletzung sinkt die Schwelle der Zumutbarkeit für den von der polizeilichen Maßnahme Betroffenen. Auch der mit Blick auf die zeitliche Nähe und die Wahrscheinlichkeit des Schadenseintritts zu bestimmende Gefährdungsgrad spielt eine Rolle für die Auswahl des Mittels.

Die Ausübung von Ermessen ist typisch nicht nur für polizeiliches Handeln, sondern das Verwaltungshandeln überhaupt. Aus diesem Grunde findet auch eine **Kontrolle durch die Gerichte**, ob die Verwaltung die zweckmäßigste Lösung gefunden hat, nicht statt (Vgl. **§ 114 VwGO lesen!!**). Der Bürger hat jedoch einen Anspruch auf eine **ermessensfehlerfreie Entscheidung** der Behörde. Die Verwaltungsgerichte dürfen Ermessensentscheidungen nur auf ihre Rechtmäßigkeit hin überprüfen (die äußeren Schranken des Ermessens), nicht jedoch auf ihre Zweckmäßigkeit. Eine Ermessensausübung der Behörde darf durch das Gericht weder nachgeholt noch ersetzt oder „nachgebessert" werden. Ein im Ermessen der Behörde liegender Verwaltungsakt kann also gerichtlich nicht aus Erwägungen aufrechterhalten werden, die der behördlichen Ermessensbetätigung nicht zugrunde liegen.[69]

Eine **Zweckmäßigkeitskontrolle** findet dagegen im Widerspruchsverfahren durch die **Widerspruchsbehörde** statt.

5.4 „Sollvorschriften" und ihre Bedeutung

Sog. Sollvorschriften, die man gesetzestechnisch an Formulierungen wie „Soll", „in der Regel" o.ä. erkennt, enthalten kein

---

[69] BVerwG, Urteil v. 14.11.1989, BVerwGE 84, 93; BVerwG, Beschluss v. 15.12.1993, InfAuslR 1994, 130.

Ermessen, sie sind von den Kann-Vorschriften grundverschieden: Während Kann-Vorschriften der Verwaltung primär eine gewisse Entscheidungsfreiheit einräumen, welche unter den besonderen Gegebenheiten eines Einzelfalles bisweilen auf null schrumpfen kann (vgl. hierzu 5.7), sind Sollvorschriften für die Verwaltung primär ebenso verbindlich wie Mussvorschriften, lassen aber ausnahmsweise bei Vorliegen besonderer (atypischer) Umstände ein Abweichen von der angeordneten Regel zu. Im letzteren Falle (also bei Vorliegen atypischer Umstände) hat die Verwaltung zu begründen, welcher besondere Umstand ein Abweichen von der Regel rechtfertigt.

5.5 Bindung des Ermessens

Ermächtigt eine Rechtsnorm die Verwaltung Ermessen auszuüben, so hat sie die gesetzlichen Grenzen des Ermessens einzuhalten und ihr Ermessen nach dem Zweck der Ermächtigung auszuüben (§ 40 LVwVfG). Die Behörde hat ihre Entscheidung nach sachlichen Gesichtspunkten unter gerechter Abwägung des öffentlichen Interesses und der Belange des Bürgers zu treffen.

5.6 Die verschiedenen Ermessensfehler

5.6.1 Ermessensüberschreitung

Eine Ermessensüberschreitung liegt vor, wenn die Behörde eine im Gesetz nicht zugelassene Rechtsfolge wählt. Dies ist dann der Fall, wenn die Eingriffsnorm die angeordnete Rechtsfolge nicht vorsieht.

Beispiel 1: Gestützt auf § 38 BWPolG ordnet die Polizei die Vernichtung einer Sache an.

Beispiel 2: Anordnung einer anderen als der erforderlichen Maßnahme nach § 3 BWPolG. Die Polizei ist grundsätzlich ermächtigt, wenn die Tatbestandsvoraussetzungen des § 1 BWPolG (Gefahr für die öffentliche Sicherheit) vorliegen, ein verkehrswidrig abgestelltes Fahrzeug abschleppen zu lassen. Ist jedoch bekannt, dass sich der Fahrer in einem nahen gelegenen Wohngebäude aufhält, ist das Abschleppen nicht mehr erforderlich. Vielmehr kann dem Betroffenen aufgegeben werden, sein Fahrzeug zu entfernen.

Ermessen und unbestimmter Rechtsbegriff

Jede unverhältnismäßige Maßnahme stellt eine Überschreitung der Ermessensgrenzen dar.

5.6.2 Ermessensunterschreitung

Um eine sogen. Ermessensunterschreitung handelt es sich, wenn die Behörde von dem ihr eingeräumten Ermessensspielraum keinen Gebrauch macht. Wenn der Gesetzgeber einen Ermessensspielraum gewährt, muss dieser auch verantwortungsvoll ausgefüllt werden.

Beispiel: Der bei einer Schlägerei zu Hilfe gerufene Polizeibeamte wendet sich mit der Begründung von dem Geschehen ab, Streitereien unter Privaten gingen die Polizei nichts an. Er hätte zumindest prüfen müssen, ob jemand Schutz braucht.[70]

Ob die Behörde Ermessen betätigt hat, oder nicht lässt sich regelmäßig nur der Begründung entnehmen. Gefährlich (für die Behörde) sind deshalb auch Textbausteine, die zur Begründung einer Ermessensentscheidung herangezogen werden, oder stereotype Formulierungen, wie: „Nach alledem musste wie geschehen entschieden werden."

5.6.3 Ermessensfehlgebrauch

Die Entscheidung entspricht nicht dem Zweck der gesetzlichen Ermächtigung (§ 40 LVwVfG). Dies ist dann der Fall, wenn die Behörde ihrer Entscheidung sachfremde Erwägungen zugrunde legt.

Beispiele: Ablehnung einer beantragten Genehmigung wegen einer bestimmten Konfessionszugehörigkeit des Antragstellers oder weil dieser sich beim Vorgesetzten des Sachbearbeiters beschwerte. Die Polizei löst eine Versammlung auf, um bestimmte politische Meinungen zu behindern.

Ermessensfehlgebrauch liegt auch dann vor, wenn die Behörde die Zielbestimmungen des jeweiligen Gesetzes nicht umgesetzt hat.

Ein Ermessensfehlgebrauch entsteht durch ungenügende Sachverhaltsmitteilung. Die Behörde hat die für die Normanwendung notwendigen Tatsachen nicht vollständig ermittelt oder geht von unzutreffenden Tatsachen aus.

---

[70] *Bull/Mehde*, Allgemeines Verwaltungsrecht, Rn. 597.

Ein Ermessensfehlgebrauch liegt auch vor, wenn die Entscheidung gegen den Gleichheitssatz (Art. 3 GG, Willkürverbot) verstößt.

Daneben spielt der Gleichheitssatz (Art. 3 GG) bei Ermessensentscheidungen gerade im Hinblick auf die sog. Selbstbindung der Verwaltung eine wesentliche Rolle. Wenn sich bei der Ausübung des Ermessens eine bestimmte Verwaltungspraxis gebildet hat, darf die Verwaltung in gleich gelagerten Fällen nicht ohne sachlichen Grund von ihrer bisherigen Praxis abweichen. Indiz für eine entsprechende Verwaltungspraxis sind auch – wie bereits dargestellt – Verwaltungsvorschriften (s. oben 3.5.2)

Ein Ermessensfehlgebrauch liegt auch im Falle von Abwägungsfehlern vor, so wenn die Behörde die Belange des Bürgers nicht richtig gewichtet hat.

Liegt die Entscheidung einer Behörde innerhalb des Ermessensspielraumes, hält der Betroffene sie aber für unzweckmäßig, kann er dagegen Widerspruch einlegen (§§ 68 ff. VwGO). Bestätigt die Widerspruchsbehörde die Entscheidung, wäre eine Klage vor dem VG nicht erfolgreich, da das VG **nur die äußeren Grenzen des Ermessens kontrollieren darf.**

5.7 Ermessensschrumpfung auf null

Bei der Anwendung einer Ermessensermächtigung ist es im Einzelfall denkbar, dass nur eine einzige Entscheidung als ermessens- und rechtsfehlerfrei angesehen werden kann. In einem solchen Falle spricht man von einer Ermessensreduzierung oder Ermessensschrumpfung auf null.

Beispiel: Soll die Wohnung einer fünfköpfigen Familie zwangsgeräumt werden, stellt die bevorstehende Obdachlosigkeit eine Gefahr für die öffentliche Sicherheit dar. Zur Abwehr dieser Gefahr kann die Polizeibehörde gestützt auf die polizeiliche Generalklausel die erforderlichen Maßnahmen ergreifen. Hier ist das Entschließungsermessen auf null reduziert. Auch hinsichtlich der Einweisung in Ersatzwohnraum besteht kein Entscheidungsspielraum. Auswahlermessen besteht jedoch hinsichtlich der Auswahl des Ersatzwohnraumes.

Im polizeilichen Bereich gehen wir nur im Falle der Gefahr für die höchsten Rechtsgüter Leben, Gesundheit und Freiheit von einer Ermessensschrumpfung und damit Verpflichtung der Polizei zum Tätigwerden aus. Aus diesem Grund besteht grundsätzlich keine Verpflichtung der Polizeibehörde, die Räumung eines besetzten Hauses anzuordnen.[71] Auch hier verengt sich der Ermessensspielraum in Richtung Verpflichtung zum Einschreiten, wenn der Hauseigentümer keine (legale!) Möglichkeit zur Erhebung bzw. Durchsetzung einer zivilprozessualen Räumungsklage hat. Bejaht man eine Ermessensreduzierung auf Seiten der Polizeibehörde, bleibt jedoch ein „**einsatztaktisches Ermessen**" des die Räumungsverfügung vollstreckenden Polizeivollzugsdienstes.

5.8 Beurteilungsspielraum

Der Gesetzgeber geht immer häufiger dazu über, unbestimmte Rechtsbegriffe zu verwenden (siehe hierzu 4.3 oben). Die Verwaltungsgerichte haben letztlich durch ihre jeweilige Auslegung der Begriffe die Entscheidungskompetenz. Dies bedeutet eine zunehmende Kompetenzverlagerung auf die Rechtsprechung. In bestimmten Fällen – ohne dass allerdings ein System dabei zu erkennen wäre – akzeptiert die Rechtsprechung ausnahmsweise auch auf der Tatbestandsseite einen **Beurteilungsspielraum**[72] der Behörde. Es handelt sich dabei nicht um einen Spielraum bei der abstrakten Auslegung, sondern bei der Subsumtion des konkreten Falles unter den unbestimmten Rechtsbegriff. Dieser ist vom Ermessen zu unterscheiden, da das Ermessen die Rechtsfolge betrifft (Handlungs- oder Entscheidungsermessen). Folgende Fallgruppen haben sich herausgebildet:

- Wenn und soweit der Gegenstand des unbestimmten Rechtsbegriffes von einer prognostischen Entscheidung und von Risiken mit wertendem Charakter abhängt. Eine vorausschauende Einschätzung kann und darf ein Gericht nicht korrigieren.

---

[71] Zum Thema Hausbesetzung vgl. VG Freiburg (Breisgau) VBlBW 1987, 349; *Alberts*, Die Polizei 1991, 70 ff.; LG Münster NStZ 1982, 202; VG Frankfurt a. M. Urteil v. 20.05.2015, BeckRS 2015, 48278; VG Mainz, Urteil v. 08.06.2017, BeckRS 2017, 159730.

[72] Der Begriff geht zurück auf *Bachof*, Beurteilungsspielraum, Ermessen und unbestimmter Rechtsbegriff im Verwaltungsrecht, JZ 1955, 97 ff.

Kapitel 5

Beispiel: Die Bewertung örtlicher und überörtlicher Verkehrsbedürfnisse nach § 13 Abs. 2 Nr. 3 PBefG.[73]
Auch im Fall der kriminalistischen Prognose der Polizei im Hinblick auf § 81b StPO oder der Einordnung einer Person als zukünftigen potentiellen Straftäter (§ 70 Nr. 3 BWPolG) müsste von daher ein Beurteilungsspielraum, eingeräumt werden. Die Rechtsprechung lehnt dies jedoch ab. D.h. die Gerichte prüfen die kriminalistische Prognose der Polizei in vollem Umfang nach.

- Bei der Prüfung der Erforderlichkeit der Speicherung personenbezogener Daten für die vorbeugende Straftatenbekämpfung handelt es sich grundsätzlich ebenfalls um eine Rechtsfrage. Die Polizei besitzt insoweit keinen Ermessensspielraum. Hier räumt der VGH Baden-Württemberg der Polizei jedoch im Hinblick auf die Begründung der Wiederholungsgefahr einen **Prognosespielraum** ein.[74]
- Bei Entscheidungen „gesellschafts-repräsentativer" Kollegialorgane.[75]
- Bei **höchstpersönlichen Werturteilen** über Personen, so z.B. bei der dienstlichen Beurteilung eines Beamten.[76]
- Bei situationsgebundenen und/oder personengebundenen Entscheidungen, wie z.B. Prüfungsentscheidungen. Diese unvertretbaren Entscheidungen unterliegen nach der Rechtsprechung des Bundesverwaltungsgerichtes nur in beschränktem Umfang der gerichtlichen Kontrolle.
Beispiel: Der Student S an einer Hochschule besteht das Staatsexamen nicht. Die nach der Prüfungsordnung vorgeschriebene Gesamtbewertung seiner in der Prüfung gezeigten Leistungen wird mit der Note mangelhaft festgesetzt. S ist der Ansicht, seine Prüfungsleistungen seien von den Prüfern einfach falsch bewertet worden. Er möchte Klage erheben. Hier beschränkt sich die gerichtliche Nachprüfung auf die Kontrolle folgender Fragen: Ist die

---

[73] BVerwGE 82, 260; weitere Beispiele bei *Wolff/Bachof/Stober/Kluth*, Verwaltungsrecht I, § 31 Rn. 23; *Maurer/Waldhoff*, Allgemeines Verwaltungsrecht, § 7 Rn. 37.
[74] VGH BW, DVBl 1992, 1309.
[75] BVerwGE 39, 197 (Filmbewertungsstelle); BVerwGE 77, 75 und BVerwGE 91, 211, 215 f. (Eignung einer Schrift zur Jugendgefährdung durch Bundesprüfstelle).
[76] BVerwG, DVBl 1993, 956 m. w. N.

Behörde von falschen, tatsächlichen Voraussetzungen ausgegangen? Wurde gegen Vorschriften, wie Prüfungsordnungen oder Beurteilungsrichtlinien verstoßen? Dies wäre z.B. dann der Fall, wenn dem S die nach der Prüfungsordnung vorgeschriebenen Zeit für die Anfertigung einer Klausur nicht eingeräumt worden wäre. Waren sachfremde Erwägungen für die Entscheidung ausschlaggebend? Dies wäre dann der Fall, wenn S beispielsweise wegen der von ihm vertretenen politischen Auffassung zu streng beurteilt wurde. Auch ergibt sich aus Art. 12 Abs. 1 GG für berufsbezogene Prüfungen, der allgemeine Bewertungsgrundsatz, dass eine vertretbare und mit gewichtigen Argumenten folgerichtig begründete Lösung nicht als falsch bewertet werden darf.[77] Wurde der Gleichheitsgrundsatz beachtet? Wurden allgemeine Bewertungsmaßstäbe missachtet?

---

[77] BVerfGE 84, 34, 50, 59 ff.;- BVerwG DVBl 1993, 842, 848.

6 Verwaltungsakt

6.1 Bedeutung und Definition

Das Rechtsinstitut des **Verwaltungsaktes**[78] gibt der Verwaltung die Möglichkeit **einseitige** und **verbindliche** Regelungen zu treffen.

Das Gegenteil des Verwaltungsaktes ist der verwaltungsrechtliche Vertrag. Diese Handlungsform gewinnt zunehmend an Bedeutung, obgleich nicht im polizeilichen Bereich, aber in anderen Bereichen der öffentlichen Verwaltung. Im Zivilrecht verläuft die Entwicklung gerade entgegengesetzt: Dort werden die zwischen gleichen Partnern ausgehandelten Verträge zunehmend ersetzt durch „diktatorische Verträge" den **allgemeinen Geschäftsbedingungen**.

Der Verwaltungsakt stellt das typische Mittel der Verwaltung dar, um das **abstrakt generelle Gesetz** auf einen bestimmten Sachverhalt zu **konkretisieren** und auf einen bestimmten Bürger zu **individualisieren**. Der Verwaltungsakt hat dem Bürger gegenüber **klarstellende Funktion**. Er sagt dem Bürger verbindlich was er vom Staat bekommt oder welche Leistungen er zu erbringen hat.

Der Verwaltungsakt ist **Zulässigkeitsvoraussetzung** für die Anfechtungs- und Verpflichtungsklage.

Die förmliche Entscheidung über die konkrete Rechtsbeziehung zwischen dem Staat und dem einzelnen Bürger muss der zwangsweisen Durchsetzung der jeweiligen öffentlich-rechtlichen Verpflichtung vorangehen.

Beispiel: Eine Versammlung kann nicht durch Polizeizwang beendet werden. Sie muss zuvor förmlich aufgelöst werden. Die Auflösungsverfügung ist ein Verwaltungsakt

Soweit ein Verwaltungsakt ein Gebot oder ein Verbot enthält, darf er von der Verwaltung nach Maßgabe des Verwaltungsvollstreckungsrechts durchgesetzt werden (VA als **Vollstreckungstitel**).

---

[78] Ausführlich zur Bedeutung des VA: *Wolff/Bachof/Stober/Kluth*, Verwaltungsrecht 1 § 45; *Brenndörfer/Trockels* in: *Schweickhardt/Vondung/Zimmermann-Kreher*, Allgemeines Verwaltungsrecht, Rn. 209 ff.; *Detterbeck*, Allgemeines Verwaltungsrecht, Rn. 419 ff.

Nach der gesetzlichen Definition des § 35 Satz 1 LVwVfG handelt es sich bei einem Verwaltungsakt um eine hoheitliche Maßnahme einer Behörde zur Regelung eines Einzelfalles auf dem Gebiet des öffentlichen Rechts mit unmittelbarer Rechtswirkung nach außen.

Merke: § 35 LVwVfG definiert den Verwaltungsakt ermächtigt aber nicht zum Erlass von Verwaltungsakten.

6.2 Maßnahme einer Behörde

Die einzelnen Elemente des Verwaltungsaktes sollen nachfolgend kurz dargestellt werden.

Eine **hoheitliche Maßnahme** ist jedes **zweckgerichtete Verwaltungshandeln**. Maßnahmen sind auch mit Hilfe automatischer Einrichtung erteilte Zeichen und Anordnungen.

Behörde ist nach § 1 Abs. 2 LVwVfG jede Stelle, die Aufgaben öffentlicher Verwaltung wahrnimmt". Stelle ist dabei nicht jedes Amt, Dezernat, Referat oder sonstige Organisationseinheit, sondern nur eine solche, die mit einem gewissen Maß an organisatorischer Selbständigkeit nach innen und außen ausgestaltet ist. Entscheidend ist, ob die Stelle nach außen rechtsverbindliche Erklärungen im eigenen Namen abgeben kann.

Beispiel: Behörde ist die Stadt Karlsruhe, nicht das Amt für öffentliche Ordnung (Bürgeramt).

Das Tatbestandsmerkmal „**auf dem Gebiet des öffentlichen Rechts**" dient der Abgrenzung zum Privatrecht. Eine Maßnahme kann nur dann ein Verwaltungsakt sein, wenn die Behörde öffentlich-rechtlich und nicht privatrechtlich gehandelt hat. Es ändert sich nichts an der Qualifikation als öffentlich-rechtliche Maßnahme, wenn der Verwaltungsakt ins Zivilrecht hineinwirkt (so genannte privatrechtsgestaltende Verwaltungsakte).

Beispiele: Ausübung des gemeindlichen Vorkaufsrechtes nach §§ 24f BauGB; Überleitungsanzeige nach § 93 SGB XII.

Eine Behörde wird auch dann auf dem Gebiet des öffentlichen Rechts tätig, wenn sie sich öffentlich-rechtliche Befugnisse anmaßt, die ihr in Wahrheit nicht zustehen. Wenn sich ein Schreiben mit privatrechtlichem Inhalt äußerlich als Verwaltungsakt darstellt, ist der Empfänger daran gebunden und muss sich mit den

Mitteln des Verwaltungsrechts oder des Verwaltungsprozessrechts dagegen zur Wehr setzen.

Beispiel: Bescheid einer Stadt über die Kündigung einer Werkdienstwohnung eines städtischen Arbeiters. Auch wenn dieser Verwaltungsakt mangels entsprechender Rechtsgrundlage rechtswidrig ist, so ist er jedoch als Verwaltungsakt existent.

6.3 Wichtigstes Merkmal: Regelung

6.3.1 Begriff der Regelung

Die **Regelung** ist das **konstituierende Merkmal** des Verwaltungsaktes. Im Gegensatz zum schlichten Verwaltungshandeln wirkt sich der VA im Rechtsbereich aus. Die Verwaltung begründet durch den Erlass eines Verwaltungsaktes eine Rechtspflicht oder einen Rechtsanspruch, sie ändert ein Recht, stellt es verbindlich fest oder hebt es auf. Eine Regelung ist also dann anzunehmen, wenn die Maßnahme der Behörde ihrem objektiven Gehalt nach darauf gerichtet ist, eine verbindliche Rechtsfolge zu setzen.[79]

Beispiele: Regelung beim Platzverweis: Der Adressat wird verpflichtet, einen bestimmten Ort zu verlassen; das aus dem Gemeingebrauch folgende Recht, sich auf der Straße aufhalten zu dürfen, wird ihm vorübergehend genommen.

Regelung bei der Aufenthaltserlaubnis: Begründung eines Aufenthaltsrechts. Der Ausländer kann sich fortan rechtmäßig im Bundesgebiet aufhalten und macht sich somit nicht strafbar.

Aber auch die Ablehnung des Antrages auf Erlass eines begünstigenden Verwaltungsaktes ist ein Verwaltungsakt und enthält selbst eine Regelung. Dadurch wird rechtsverbindlich festgestellt, dass ein Recht oder ein Anspruch nicht besteht. Entscheidend ist hier, ob das, was der Bürger wollte, einen Verwaltungsakt darstellt.

6.3.2 Abgrenzung

Die Regelung – und damit der Verwaltungsakt – ist vom sog. „**schlichten Verwaltungshandeln**" abzugrenzen. Während die Regelung stets auf eine verbindliche unmittelbare Rechtsfolge

---

[79] BVerwG, Urteil v. 20.05.1987 - 7 C 83.84 -, BVerwGE 77, 268; Urteil v. 19.06.2000 - 1 DB 13.00 -, BVerwGE 111, 246.

gerichtet ist, zielt das schlichte Verwaltungshandeln auf ein sachliches (tatsächliches) Ergebnis (**Realakt**).

Beispiele für schlichtes Verwaltungshandeln: Benachrichtigung, Erstattung eines Gutachtens, Gehaltszahlung, Gewährung von Akteneinsicht usw.

Schlichtes Verwaltungshandeln liegt auch dann vor, wenn dieses mittelbar rechtliche Folgen nach sich zieht.

Beispiel: Die dienstliche Beurteilung eines Beamten. Diese kann mittelbar nachteilige Auswirkungen für ihn haben. Diese Auswirkungen sind aber keine verbindliche unmittelbare Rechtsfolge.

Ebenfalls keine Regelung enthält das so genannte **Gefährderanschreiben** (§ 29 Abs. 1 BWPolG).

Beispiel: Da der X. in der Datei „Gewalttäter Links" aufgeführt ist, erhält er im Vorfeld einer Demonstration ein Schreiben der Polizeidirektion, darin heißt es u.a.: *„Um zu vermeiden, dass Sie sich der Gefahr präventiver polizeilicher Maßnahmen im Rahmen der Gefahrenabwehr ... oder strafprozessualer Maßnahmen aus Anlass der Begehung von Straftaten im Rahmen der demonstrativen Aktionen aussetzen, legen wir Ihnen hiermit nahe, sich nicht an den o.g. Aktionen zu beteiligen."*

Ziel eines derartigen Gefährderanschreibens ist zwar die Herbeiführung einer bestimmten Verhaltensweise des Betroffenen (im Beispiel: Unterlassung der Teilnahme an der Demonstration). Das Schreiben begründet keine unmittelbare Rechtspflicht. Es handelt sich somit nicht um einen Verwaltungsakt, sondern einen Realakt. Es enthält jedoch nicht lediglich einen wohlgemeinten Ratschlag. Die gewählte Formulierung ist vielmehr geeignet, auf die durch die Freiheitsrechte des Art. 5 Abs. 1 Satz 1 und Art. 8 Abs. 1 GG gewährleistete Willensentschließungsfreiheit des Adressaten einzuwirken, überhaupt an den bevorstehenden Demonstrationen zur Kundgabe einer (kollektiven) Meinung teilzunehmen. Polizeiliche Maßnahmen werden bereits angedroht. Das Schreiben stellt deshalb einen Eingriff in die Rechte des Adressaten dar.[80]

---

[80] Vgl. zu Gefährderanschreiben bzw. -ansprache: VG Meiningen, Urteil v. 03.08.2021 - 2 K 863/18 Me - BeckRS 2021, 30706; VGH BW, VBlBW 2018, 316 (m. Bspr. *Nachbaur*, a. a. O, 318 ff.; OVG Niedersachsen, NJW 2006, 391.

Merke: Der Eingriffscharakter einer Maßnahme hängt nicht davon ab, ob es sich dabei um einen Verwaltungsakt handelt oder einen Realakt. Ein Grundrechtseingriff macht eine staatliche Maßnahme nicht automatiswch zum Verwaltungsakt.

In einer **polizeilichen Maßnahme** können **Realakt** und Verwaltungsakt zusammentreffen.
Beispiel: Beschlagnahme einer Sache zum Zwecke der Gefahrenabwehr (vgl. § 38 BWPolG).

Die Beschlagnahme beinhaltet zwei Komponenten: Einen **Verwaltungsakt**, das ist die Anordnung der Beschlagnahme (Regelung: Der Betroffene wird verpflichtet, die Wegnahme durch die Polizei zu dulden); einen **Realakt**: Die Wegnahme des Gegenstandes (Vollstreckung der Beschlagnahme).

6.3.3 Auskunft, Zusage

Eine Auskunft – egal ob richtig oder falsch – ist eine bloße Wissenserklärung. Die Behörde beabsichtigt nicht, damit eine unmittelbare Rechtsfolge zu setzen. Die Auskunft ist daher kein VA.

Jedoch kann die Ablehnung der begehrten Auskunft ein Verwaltungsakt sein. Entscheidend ist hierfür, ob die etwa um Auskunft ersuchte Behörde prüfen muss, ob die Erteilung der Auskunft mit der Erfüllung ihrer gesetzlichen Aufgaben vereinbar ist.

Beispiel: Ablehnung der Nennung des Namens eines Gewährsmannes der Polizei.[81] Entscheidung über die Ablehnung oder Erteilung der Auskunft nach § 91 BWPolG.

6.3.4 Regelung, wiederholende Verfügung und Zweitbescheid.

Der Zweitbescheid ist ein Verwaltungsakt, durch den die Behörde nach einer auf Antrag oder von Amts wegen durchgeführten erneuten sachlichen (tatsächlichen) oder rechtlichen Überprüfung eines unanfechtbar gewordenen Verwaltungsaktes eine neue – abweichende oder gleich lautende – Entscheidung (Regelung) trifft.

Trifft die Behörde keine neue Entscheidung in der Sache, sondern weist lediglich auf ihre bereits erfolgte Entscheidung hin, handelt es sich nicht um einen Verwaltungsakt. Hier spricht man von einer wiederholenden Verfügung. Zweitbescheid und eine

---

[81] OLG Hamm, NJW 1973, 1089; BVerwG, NJW 1975,1333.

wiederholende Verfügung spielen eine Rolle beim Wiederaufgreifen des Verfahrens nach § 51 LVwVfG.[82]

6.4 Außenwirkung

Das Begriffsmerkmal der „unmittelbaren Rechtswirkung nach außen" dient der Abgrenzung des Verwaltungsaktes gegenüber innerstaatlichen und innerbehördlichen Maßnahmen. Bei innerdienstlichen Maßnahmen innerhalb einer Behörde handelt es sich grundsätzlich nicht um Verwaltungsakte.

Beispiel: Generelle Weisung oder Einzelanweisung über Erfüllung von Dienstpflichten, Arbeitsablauf und Aktenbearbeitung, Ermessensbindende Richtlinien, Norminterpretierende Richtlinien (generell Verwaltungsvorschriften, vgl. hierzu: 3.5). Ausnahmsweise handelt es sich bei einer innerdienstlichen Weisung dann um einen Verwaltungsakt, wenn sie einen Beamten auch in seiner persönlichen Rechtsstellung trifft. In diesem Falle wird der Beamte wie eine außerhalb der Behörde stehende Person behandelt.

Beispiele für Maßnahmen **mit Außenwirkung**: Ernennung und Entlassung eines Beamten, Versetzung (Übertragung eines anderen abstrakt-funktionellen Amtes, Behörden-, Dienstherrnwechsel), Festsetzung des Dienstalters, Entscheidung über Beihilfe, Trennungsgeld.

Beispiele für Maßnahmen **ohne Außenwirkung**: Umsetzung eines Beamten innerhalb seiner Behörde (Zuweisung eines anderen Dienstpostens innerhalb derselben Behörde). Die Umsetzung beschränkt sich nur auf die innerbetriebliche Organisation und lässt das statusrechtliche Amt des Beamten unberührt.

Maßnahmen von Behörden innerhalb eines bestehenden Weisungsverhältnisses (Fachaufsicht) haben grundsätzlich keine Außenwirkung.

Ein Verwaltungsakt könnte allerdings dann vorliegen, wenn die Maßnahme einen anderen Rechtsträger in eigenen Rechten betrifft, z.B. Weisung der Kommunalaufsichtsbehörde in Selbstverwaltungsangelegenheiten. Da eine Polizeidienststelle über keine Rechtspersönlichkeit verfügt, haben Weisungen der vorgesetzten Behörde nie Außenwirkung.

---

[82] Vgl. hierzu: *Brenndörfer/Trockels*, in: *Schweickhardt/Vondung/Zimmermann-Kreher*, Allgemeines Verwaltungsrecht, Rn. 457 ff.

6.5 Einzelfall

Das Merkmal „Einzelfall" dient der **Abgrenzung zum Gesetz**. Die Regelung des Verwaltungsaktes betrifft einen **individuellen Adressaten** und einen **konkreten Sachverhalt**.

Die Allgemeinverfügung (§ 35 Satz 2 LVwVfG) stellt gewissermaßen einen Übergang zur Rechtsnorm dar. Alle in § 35 Satz 2 VwVfG aufgezählten Alternativen sind jedoch Verwaltungsakte.

Bei der **adressatenbezogenen Allgemeinverfügung** richtet sich die Regelung nicht an eine individuelle Person, sondern an einen nach allgemeinen Merkmalen bestimmten oder bestimmbaren Personenkreis.

Beispiel: Verbot und Auflösung einer Demonstration gem. § 15 VersG. Aufforderung der Polizei, ein besetztes Haus zu räumen.

Die **dingliche Allgemeinverfügung** regelt die öffentlich-rechtliche Eigenschaft einer Sache.

Beispiel: Widmung einer Straße für den öffentlichen Verkehr. Rechtsfolge: Straße wird zur öffentlichen Straße und kann von jedermann im Rahmen des Gemeingebrauchs benutzt werden.

Beispiel: Planfeststellungsbeschluss (z.B. § 17 FStrG). Nicht jedoch Bebauungsplan. Bei diesem handelt es sich um eine Satzung (§ 10 BauGB).

Die **Benutzungsregelung** regelt die Benutzung einer Sache durch eine unbestimmt große Anzahl von Benutzern. Ihre Konkretisierung erfährt diese Allgemeinverfügung durch den Bezug der Benutzer zu einer konkreten Sache.

Beispiel: Gebots- und Verbotszeichen, §§ 45f StVO, Richtzeichen, §§ 41, 42 StVO, regeln die Benutzung einer ganz bestimmten öffentlichen Straße. Parkverbotsschilder enthalten nicht nur ein Verbot, das Fahrzeug an der entsprechenden Stelle zu parken, sondern das Gebot, das verbotswidrig abgestellte Fahrzeug unverzüglich zu entfernen. Deshalb stellt sich das Abschleppen eines im Haltverbot parkenden Fahrzeugs auch als Ersatzvornahme dar (§ 25 LVwVG, vgl. hierzu unten 11.4.2).

6.6 Arten von Verwaltungsakten

Die Verwaltungsakte lassen sich nach verschiedenen Kriterien ordnen, wobei ein Typ eines VA durchaus in zwei oder mehrere „Schubladen" einsortiert werden könnte.

Unterscheidung nach der Wirkung für den Adressaten:

Verwaltungsakt

begünstigender – belastender VA
Möglich sind auch sogen. „begünstigende Verwaltungsakte mit drittbelastender Doppelwirkung", z.b. die Räumungsanordnung gegenüber Hausbesetzern (für diese belastend, für den Hausbesitzer begünstigend).

Unterscheidung nach dem Inhalt:
feststellender – gestaltender VA
Beispiel: Feststellung der Flüchtlingseigenschaft (Vertriebenenausweis), des Besoldungsdienstalters.

Gestaltende Verwaltungsakte lassen sich nochmals unterscheiden in:

Gebote, Verbote und rechtsgestaltende VAe
Gebote und Verbote sind die typischen polizeirechtlichen Verfügungen. Sie können bei Nichtbefolgung zwangsweise vollstreckt werden.

Beispiel: Platzverweis

Rechtsgestaltende VAe beschränken sich auf die Begründung, Beendigung oder Veränderung eines Rechts. Sie sind einer Vollstreckung weder fähig noch bedürftig.

Beispiel: Einbürgerung nach dem StAG; Erteilung oder Versagung einer Erlaubnis; Auflösung einer Versammlung gem. § 15 VersG

Möglich sind auch privatrechtsgestaltende Verwaltungsakte; dabei wird mittels Verwaltungsaktes ein privatrechtliches Rechtsverhältnis geändert.

Beispiel: Die Einziehung nach § 39 BWPolG bewirkt den Eigentumsübergang auf die einziehende Polizeibehörde.[83]

Unterscheidung nach der Bindung der Behörde:
Ermessensakt oder gebundene Entscheidung
Beispiel: § 15 Abs. 4 VersG: Eine verbotene Versammlung ist aufzulösen; § 15 Abs. 1 VersG: Die Versammlung kann verboten werden.

Unterscheidung nach der zeitlichen Wirkung:
VAe mit und ohne Dauerwirkung
Beispiel: VA mit Dauerwirkung: Gewährung von Renten, Gewerbeerlaubnis.

---

[83] BeckOK PolR BW/*Reinhardt* BWPolG § 39 Rn. 12.

6.7 Nebenbestimmungen zum Verwaltungsakt

6.7.1 Begriff

Nebenbestimmungen sind Belastungen, die einem begünstigenden VA beigefügt werden.

Nebenbestimmungen setzen begrifflich einen Verwaltungsakt voraus, dem sie beigefügt werden. Keine Nebenbestimmungen i.S. des § 36 LVwVfG sind daher „Auflagen" für Versammlungsteilnehmer gem. § 15 VersG, da eine Versammlung keiner Genehmigung bedarf, die „Auflage" somit der eigentliche „Hauptverwaltungsakt" ist.

6.7.2 Arten von Nebenbestimmungen

Die **Befristung** ist eine Bestimmung, nach der eine Vergünstigung oder Belastung zu einem späteren Zeitpunkt, dessen Eintritt gewiss ist, beginnt (Anfangstermin) oder endet (Endtermin). Der Anfangs- ode-> r Endtermin braucht datumsmäßig nicht festzustehen, sondern kann sich aus den Umständen des Falles ergeben.

Beispiel: Die Aufenthaltserlaubnis wird befristet auf ein Jahr erteilt.

Beispiele für gesetzlich vorgeschriebene Befristungen: § 8 Abs. 5 WHG: Eine wasserrechtliche Bewilligung ist zwingend zu befristen; § 16 LStrG: eine Sondernutzungserlaubnis darf nur befristet erteilt werden.

Die **Bedingung** ist eine Bestimmung, nach der eine Begünstigung oder Belastung bei Eintritt eines zukünftigen ungewissen Ereignisses beginnt **(aufschiebende Bedingung)** oder endet **(auflösende Bedingung).**

Bedingungen sind **unzulässig** bei **statusrechtlichen Verwaltungsakte**n (Beamtenernennung, Einbürgerung).

Beispiel für **aufschiebende Bedingung**: Die Gaststättenerlaubnis wird unter der „Bedingung der Beibringung des Unterrichtungsnachweises gem. § 4 Abs. 1 Nr. 4 GastG erteilt.

Beispiele für **auflösende Bedingung:** Aufenthaltserlaubnis wird nur für die Dauer der Beschäftigung bei einem bestimmten Arbeitgeber erteilt. Aufenthaltsbewilligung für Werkvertragsarbeitnehmer für ein bestimmtes Gewerk; Stempel im Visum eines Ausländers:

„Aufenthaltserlaubnis erlischt bei der Beantragung von Sozialhilfe."

Verwaltungsakt

Der unter einer aufschiebenden Bedingung erteilte VA wird mit seiner Bekanntgabe wirksam (§ 43 LVwVfG), Rechtswirkungen entfaltet er aber erst mit Bedingungseintritt.

Tritt die (auflösende) Bedingung ein, wird der VA „automatisch" unwirksam. Eine Aufhebung durch die Behörde ist also nicht erforderlich.

Der **Widerrufsvorbehalt** ist eine Bestimmung, wonach der Behörde die Befugnis eingeräumt wird, durch eine in der Zukunft liegende Erklärung die weitere Geltung des VA zu beenden.

Beispiel: Der Widerrufsvorbehalt nach § 16 LStrG.

Hier endet die Wirksamkeit des VA nicht „automatisch". Es bedarf vielmehr einer besonderen Erklärung der Behörde (Widerruf). Der Widerruf ist ein belastender VA. Die Ermächtigungsgrundlage ist § 49 Abs. 2 Nr. 1 LVwVfG (bzw. eine entsprechende spezialgesetzliche Vorschrift).

Die **Auflage** ist eine Bestimmung, die einem begünstigenden VA beigefügt wird, und dem Begünstigten ein Tun, Dulden oder Unterlassen vorschreibt, wobei das vorgeschriebene Verhalten vom Bestand des VA abhängt.

Der Bestand des VA hängt jedoch von der Erfüllung der Auflage nicht ab (siehe aber unten: Widerrufsmöglichkeit).

Beispiel: Gaststättenerlaubnis nach §§ 2, 4 GastG wird gem. § 5 Abs. 1 Nr. 3 GastG mit der Auflage erteilt, „ab 22 Uhr sind sämtliche Musikdarbietungen einzustellen". Ermächtigungsgrundlage für den belastenden VA „Auflage": § 5 Abs. 1 Nr. 3 GastG.

Beispiel: Ausländerrechtliche Auflage „Arbeitsaufnahme nicht gestattet".

Die **Auflage** erfüllt die Merkmale des § 35 LVwVfG und ist daher ihrerseits ein **Verwaltungsakt**.

Befolgt der Begünstigte die Auflage nicht, bleibt die Erlaubnis wirksam. Bei **Nichtbefolgung der Auflage** ergeben sich für die Behörde folgende Möglichkeiten:
- Die Auflage kann mit den Mitteln des Verwaltungszwanges vollstreckt werden.
- Widerruf des Haupt-VA gem. § 49 Abs. 2 Nr. 2 LVwVfG oder Spezialermächtigung (Bsp.: § 15 Abs. 3 Nr. 2 GastG).
- Bei Bußgeld- oder Strafbewehrung: Anzeige (Beispiel: § 97 AufenthG)

Auflagenvorbehalt: § 36 Abs. 2 Nr. 5 LVwVfG sieht einen Vorbehalt der nachträglichen Aufnahme, Änderung oder Ergänzung einer Auflage vor.

6.7.3 Abgrenzung

Bei der Prüfung der Frage, ob eine Bedingung bzw. Befristung oder eine Auflage vorliegt, sind zunächst die Bezeichnungen im Gesetz und im VA heranzuziehen. Diese sind allerdings nicht zwingend. Im Zweifelsfall handelt es sich um eine Auflage, da diese den für den Adressaten geringeren Eingriff bedeutet. Grund: Tritt die auflösende Bedingung ein, führt dies zum Wegfall des begünstigenden VA. Die Nichtbefolgung einer Auflage lässt dessen Wirksamkeit jedoch unberührt.

Keine Nebenbestimmung ist der mit einem VA verbundene bloße Hinweis auf die Rechtslage, weil er keine eigene Regelung enthält (Keine konstitutive Begründung einer Rechtspflicht).

Um eine Nebenbestimmung handelt es sich auch dann nicht, wenn die Regelung zur **Inhaltsbestimmung** gehört.

Beispiel: Gaststättenerlaubnis für eine bestimmte Betriebsart (§ 3 GastG). Fahrerlaubnis für Fahrzeuge mit Automatikgetriebe.

7 Verfahren

Das Verwaltungsverfahren ist die auf den Erlass eines Verwaltungsaktes oder den Abschluss eines verwaltungsrechtlichen Vertrages gerichtete Tätigkeit der Behörde (§ 9 LVwVfG). Das Verfahren ist grundsätzlich formlos (§ 10 LVwVfG).
Das Verfahren beginnt durch Antragstellung oder von Amts wegen. Es endet mit dem Erlass eines Verwaltungsaktes bzw. der Entscheidung der Behörde, keinen VA zu erlassen. Der VA kommt nur dann rechtmäßig zustande, wenn die Verfahrensbestimmungen (LVwVfG oder Spezialvorschriften) beachtet werden. Im Folgenden sollen einzelne Verfahrensbestimmungen dargestellt werden.

7.1 Zuständigkeit

Ein VA kann nur dann rechtmäßig sein, wenn er von der Behörde im Rahmen der ihr zugewiesenen Zuständigkeit erlassen wird. Hierbei ist die **sachliche** und **örtliche Zuständigkeit** zu unterscheiden.
Eine **allgemeine Regelung** der örtlichen Zuständigkeit enthält § 3 LVwVfG. Für den Bereich der Gefahrenabwehr wird die örtliche Zuständigkeit der Polizeibehörden in § 113 BWPolG spezialgesetzlich geregelt (PVD: §§ 120 f. BWPolG). Für den noch spezielleren Bereich des Versammlungswesens ergibt sich die örtliche Zuständigkeit aus § 2 VersG-ZuVO. Danach ist diejenige Kreispolizeibehörde örtlich zuständig, in deren Bezirk die Versammlung oder der Aufzug stattfindet. Berührt ein Aufzug die Bezirke mehrerer Kreispolizeibehörden, so ist die Kreispolizeibehörde zuständig, in deren Bezirk er beginnt.[84]
Für die sachliche Zuständigkeit der Polizei ist insbesondere § 105 BWPolG zu beachten. Da in Baden-Württemberg Polizeibehörde und Polizeivollzugsdienst für die Gefahrenabwehr zuständig sind[85] bedarf es einer Norm, die für bestimmte Bereiche klärt, ob nun der PVD, die Polizeibehörde oder beide zuständig sind.

---

[84] VGH BW, BWVPr 1995,137 (Kurdendemonstration).
[85] Vgl. § 1 BWPolG. „Die Polizei..." und § 104 BWPolG: Die Organisation der Polizei umfasst die Polizeibehörden und den Polizeivollzugsdienst.

Für Maßnahmen, die auf die polizeiliche Generalklausel gestützt werden, ist die Polizeibehörde **primär** zuständig (§ 105 Abs. 1 BWPolG). Für den Polizeivollzugs besteht hier eine abgeleitete, subsidiäre Zuständigkeit, wenn aus der Sicht der handelnden Beamten ein sofortiges Tätigwerden erforderlich erscheint (§ 105 Abs. 2 BWPolG). § 105 Abs. 2 BWPolG kann als anderweitige gesetzliche Bestimmung i. S. d. Absatz 1 verstanden werden. Eine solche liegt auch dann vor, wenn das Polizeigesetz dem Polizeivollzugsdienst in speziellen Befugnisnormen **ausdrücklich die Zuständigkeit zuweist**. Solche Normen sind dann Zuständigkeitszuweisung und Ermächtigungsgrundlage (**Beispiele**: §§ 38 Abs. 2, 41 ff., 105 Abs. 4 BWPolG[86]). Auf diese Normen kann sich die Polizeibehörde nicht stützen.

Im Falle der in § 105 Abs. 3 BWPolG aufgezählten Normen besteht eine **Parallellzuständigkeit** von Polizeibehörde und Polizeivollzugsdienst. Hier sind beide „Polizeien" gleichermaßen zuständig, insbesondere besteht kein Vorrang der Polizeibehörde.

Eine ausschließliche Zuständigkeit der Polizeibehörde besteht im Falle der Einziehung (§ 39 BWPolG) und beim Erlass von Polizeiverordnungen (§§ 17 ff. BWPolG).

7.2 Anhörung

Vor Erlass eines VA, der in die Rechte des Betroffenen eingreift, ist diesem Gelegenheit zu geben, sich zu den für die Entscheidung erheblichen Tatsachen zu äußern (§ 28 LVwVfG). § 28 Abs. 2 LVwVfG enthält zahlreiche Ausnahmen. So kann von der Anhörung abgesehen werden, wenn wegen Gefahr im Verzug oder im öffentlichen Interesse eine sofortige Entscheidung notwendig erscheint.

7.3 Ausschluss vom Verwaltungsverfahren

§ 20 LVwVfG regelt, wann ein Behördenvertreter in einem Verwaltungsverfahren nicht tätig werden darf. Dies gilt gem. § 20 Abs. 1 Satz 2 LVwVfG z.B. für einen Polizeibeamten, der fotografiert

---

[86] Krit. zu der in der Zuständigkeitsregelung des § 105 Abs. 4 BWPolG „versteckten" Ermächtigungsgrundlage *Nachbaur*, VBlBW 2018, 45, 53 f.; BeckOK PolR BW/*Schatz*, 22. Ed. 17.1.2021, BWPolG § 105 Rn. 13 f.

wurde und, um die Verbreitung des Bildes zu verhindern, den Film beschlagnahmt. Er darf die Beschlagnahme nur dann selbst durchführen, wenn kein anderer Beamter zugegen ist, also Gefahr im Verzug besteht (§ 20 Abs. 3 LVwVfG).

7.4 Begründung

Ein **schriftlicher** oder **schriftlich bestätigter VA** ist gem. § 39 LVwVfG grundsätzlich zu **begründen**. Die Behörde hat alle entscheidungserheblichen Tatsache, sowie die rechtlichen Gründe mitzuteilen.

§ 39 berührt die formelle und die materielle Rechtmäßigkeit:

Keine Begründung: Formfehler, aber heilbar gem. § 45 LVwVfG.

Begründung zwar vorhanden, aber in der Sache nicht richtig: Dies betrifft die materielle Rechtmäßigkeit des VA.

Ein mündlicher Verwaltungsakt ist gem. § 37 Abs. 2 Satz 2 LVwVfG **schriftlich zu bestätigen**, wenn hieran ein berechtigtes Interesse besteht und der Betroffene dies unverzüglich verlangt. Gem. § 39 Abs. 1 LVwVfG ist der bestätigte Verwaltungsakt auch zu begründen. Die Bestätigung hat, unter Berücksichtigung dienstlicher Belange, zügig zu erfolgen. Ein berechtigtes Interesse kann z.B. angenommen werden, wenn eine Person aus einer Versammlung ausgeschlossen wird und der oder die Betreffende erklärt, gegen die polizeiliche Maßnahme einen Rechtsbehelf einlegen zu wollen. Unterbleibt die schriftliche Bestätigung eines mündlichen Verwaltungsakts, hat dies allerdings **nicht** dessen **Rechtswidrigkeit** oder gar Nichtigkeit zur Folge![87]

7.5 Bekanntgabe

Der Verwaltungsakt ist gem. § 41 LVwVfG demjenigen bekannt zu geben, für den er bestimmt ist **(Adressat)** oder der von ihm betroffen wird. Mit der Bekanntgabe wird der VA **rechtswirksam** (§ 43 LVwVfG).

---

[87] VG Freiburg, Beschluss v. 09.11.2020, BeckRS 2020, 34559; nach Ansicht des Gerichts gilt dies auch für den Fall einer unterlassenen Bescheinigung einer mündlichen Beschlagnahmeanordnung.

Bei der Bekanntgabe handelt es sich um ein Wirksamkeitserfordernis, nicht bloß um eine Rechtmäßigkeitsvoraussetzung. Bsp.: Eine Fahrerlaubnis ist nicht erteilt, solange der Führerschein nicht ausgehändigt ist.

Die Form der Bekanntgabe des (schriftlichen) Verwaltungsaktes steht grundsätzlich im Ermessen der Behörde, ist deshalb aber von Bedeutung, da die Widerspruchsfrist mit Bekanntgabe des VA beginnt (§ 70 Abs. 1 VwGO) und die Behörde den Zugang und den Zeitpunkt des Zuganges nach § 4 Abs. 1 LVwZG und § 41 Abs. 2 LVwVfG in Zweifelsfällen nachzuweisen hat.

Im Falle der **Übermittlung durch die Post** (Normalbrief) gilt die Zustellung mit dem 3. Tag nach der Aufgabe zur Post als erfolgt, es sei denn, dass das Schriftstück nicht, oder zu einem späteren Zeitpunkt zugegangen ist (§§ 4 LVwZG, 41 Abs. 2 LVwVfG). In Zweifelsfällen hat die Behörde den Zugang und den Zeitpunkt nachzuweisen.

Bei Übermittlung durch **Übergabe-Einschreiben** folgt die Bekanntgabe mit der Aushändigung bzw. Abholung. Durch den Posteinlieferungsschein kann der Nachweis erleichtert werden. Wird das Schreiben nicht bei der Post abgeholt, ist es nicht zugegangen. Im Fall des **Einwurf-Einschreibens** wird lediglich der Einwurf des Schreibens in den Briefkasten oder das Postfach des Empfängers dokumentiert. Mit dem Einwurf in den Briefkasten ist das Schreiben so in den Machtbereich des Empfängers gelangt, dass dieser unter normalen Umständen von ihm Kenntnis nehmen kann *(§ 130 BGB in analoger Anwendung)*.[88] Dennoch fehlt es bei dieser Form des Einschreibens an der in § 2 Abs. 1 LVwZG vorgeschriebenen Übergabe des Schriftstückes. Übergabe bedeutet Verschaffung von Alleinbesitz durch Aushändigung.[89] Diesen Anforderungen wird das Einwurf-Einschreiben nicht gerecht.

Im Falle der **förmlichen Zustellung** durch die Post mit **Postzustellungsurkunde** (§ 3 LVwZG mit Verweis auf die §§ 177 bis 182 ZPO) erfolgt die Bekanntgabe mit dem Zeitpunkt der Zustellung. Besonders interessant sind hier die Möglichkeiten der **Ersatzzustellung**:

---

[88] BVerwG, Beschluss v. 22.02.1994 - 4 B 212.93, BeckRS 1994, 31246579; BayVGH, BayVBl. 1985, 153-.
[89] VGH BW, ESVGH 1985, 180.

Kann der Empfänger nicht angetroffen werden, kann das Schriftstück auch Familienmitgliedern, sonstigen Mitbewohnern, in Geschäftsräumen einer dort beschäftigten Person und in Gemeinschaftseinrichtungen dem Leiter der Einrichtung oder dessen Stellvertreter übergeben werden (§ 178 ZPO). Das Schriftstück gilt dann mit Übergabe als zugestellt. Bei Verweigerung der Annahme ist das Schriftstück zurückzulassen. Es gilt dann mit der Annahmeverweigerung als zugestellt.

Kann das Schriftstück keiner anderen Person übergeben werden, kommt eine Ersatzzustellung durch Einlegen in den Briefkasten (§ 180 ZPO) oder durch Niederlegung (§ 181 ZPO) in Betracht. Im erstgenannten Fall gilt das Schriftstück **mit Einwurf in den Briefkasten als zugestellt**. Der Zusteller vermerkt auf dem Umschlag des zuzustellenden Schriftstücks das Datum der Zustellung. Im Falle der Niederlegung gilt das Schriftstück **mit Zurücklassung der Benachrichtigung als zugestellt**. Es wird 3 Wochen bei der Post zur Abholung bereitgehalten und geht – bei Nichtabholung – an den Absender zurück (§ 182 ZPO).

Die Postlizenznehmer, so auch die Deutsche Post AG, sind gem. § 33 PostG zur förmlichen Zustellung verpflichtet und im Umfang dieser Verpflichtung mit Hoheitsbefugnissen ausgestattet (**beliehen**, s. oben 1.5).

Effektiv ist insbesondere auch die Zustellung durch die Behörde gegen **Empfangsbekenntnis** (§§ 5, 10 bis 13 LVwZG). Hier kann ebenfalls eine Ersatzzustellung erfolgen. Im Fall einer Annahmeverweigerung durch den Adressaten kann das Schriftstück am Zustellungsort zurückgelassen werden. Die Zustellung gilt damit als bewirkt.

Soll ein Verwaltungsakt „wasserdicht" bekannt gemacht werden, sind in erster Linie die Zustellung mit Zustellungsurkunde und die Zustellung gegen Empfangsbekenntnis empfehlenswert.

Bei der Bekanntgabe von **Allgemeinverfügungen** sind besondere Regeln zu beachten. Im Gegensatz zum Verwaltungsakt nach § 35 Satz 1 LVwVfG darf eine Allgemeinverfügung auch dann öffentlich bekannt gegeben werden, wenn eine Bekanntgabe an die Beteiligten untunlich ist (§ 41 Abs. 3 Satz 2 LVwVfG). Um einen Verwaltungsakt in Form der Allgemeinverfügung handelt es sich auch bei einem **Verkehrszeichen**. Dieser wird gemäß § 43 Abs. 1 LVwVfG gegenüber demjenigen, für den er bestimmt ist oder der von ihm betroffen wird, in dem Zeitpunkt wirksam, indem er ihm bekannt gegeben wird. Die Bekanntgabe erfolgt nach den bundesrechtlichen Vorschriften der Straßenverkehrsordnung durch Aufstellung des Verkehrsschildes (vgl. insbesondere § 39 Abs. 1 und 1a, § 45 Abs. 4 StVO). Dies ist eine **besondere Form der öffentlichen Bekanntgabe**. Sind Verkehrszeichen so aufgestellt oder angebracht, dass sie ein durchschnittlicher Kraftfahrer bei Einhaltung der nach § 1 StVO erforderlichen Sorgfalt schon „mit einem raschen und beiläufigen Blick" erfassen kann, entfalten sie Rechtswirkung gegenüber jedem Verkehrsteilnehmer. Verkehrsteilnehmer ist aber nicht nur derjenige, der sich im Straßenverkehr bewegt, sondern auch der vom Fahrer verschiedene Halter eines am Straßenrand geparkten Fahrzeugs, solange er Inhaber der tatsächlichen Gewalt über das Fahrzeug ist.

7.6 Form

Die Form des VA betrifft die äußere Erscheinung, in der der VA ergeht.

In der Regel gilt das Prinzip der Formfreiheit (§ 37 Abs. 2 LVwVfG). Schriftform ist nicht erforderlich, i.d.R. aber zweckmäßig.

Beispiele für das Erfordernis einer bestimmten Form: § 10 StVZO (Aushändigung des Führerscheines); § 5 Abs. 2 BRRG (Aushändigung der Ernennungsurkunde); Zusicherung (§ 38 LVwVfG).

Ein schriftlicher VA soll eine (schriftliche) **Rechtsbehelfsbelehrung** enthalten. Deren Fehlen oder Unvollständigkeit macht den VA jedoch nicht rechtswidrig, sondern verlängert die Widerspruchsfrist um 1 Jahr ab Kenntnis (§ 58 Abs. 2 VwGO). Dies gilt auch dort wo die Rechtsbehelfsbelehrung ausdrücklich vorgeschrieben ist (§ 36 SGB X).

Rechtsbehelfsbelehrung

„Gegen diesen Bescheid kann innerhalb eines Monats nach Bekanntgabe Widerspruch erhoben werden. Der Widerspruch ist schriftlich oder zur Niederschrift bei (Name und Anschrift der Behörde, die den VA erlassen hat) einzulegen.

> (optional:) Gegen die Anordnung der sofortigen Vollziehung kann beim Verwaltungsgericht (Name, Anschrift) beantragt werden, die aufschiebende Wirkung wieder herzustellen"

Bei **mündlichen Verwaltungsakten** muss grundsätzlich **keine Rechtsbehelfsbelehrung** erfolgen, es sei denn, dies ist ausdrücklich gesetzlich vorgeschrieben wie z. B. in den § 38 Abs. 3 BWPolG (Beschlagnahme), § 33 Abs. 2 BWPolG (Gewahrsam) oder § 36 Abs. 8 BWPolG (Wohnungsdurchsuchung). Auch in diesen Fällen bewirkt nur die schriftliche Rechtsbehelfsbelehrung, die den Anforderungen des § 58 VwGO entspricht, die kurze (1 Monat) Widerspruchs- und Klagefrist. Unterbleibt die Belehrung über mögliche Rechtsbehelfe, führt dies nicht zur Rechtswidrigkeit des Verwaltungsaktes. Die nach § 33 Abs. 2 BWPolG vorgeschriebene Bekanntgabe des Grundes der Ingewahrsamnahme kann gem. § 45 LVwVfG nachgeholt werden.

Bei schriftlichen Verwaltungsakten muss **die erlassende Behörde erkennbar** sein (§ 37 Abs. 3 LVwVfG). Bei Nichterkennbarkeit der erlassenden Behörde ist der VA nichtig (§ 44 Abs. 2 Nr. 1 LVwVfG). Mündliche Verwaltungsakte erhalten nur dann die erforderliche äußere Wirksamkeit, wenn der Adressat die Maßnahme auch als behördliche Maßnahme erkennen kann.

Beispiel: Anhalten eines Fahrzeuges durch Zivilstreife ohne Benutzung einer Kelle („Halt Polizei"); hier fehlt die äußere Wirksamkeit.

7.7 Amtshilfe

Art. 35 Abs. 1 GG lautet: „Alle Behörden des Bundes und der Länder leisten sich gegenseitig Rechts- und Amtshilfe,". Die Behörden sind daher grundsätzlich zur gegenseitigen Amtshilfe verpflichtet. Amtshilfe ist die Vornahme von Handlungen tatsächlicher oder rechtlicher Art, durch die die „ersuchte" Behörde eine Amtshandlung der „ersuchenden" Behörde unterstützt. In der Regel erfolgt Amtshilfe durch Zurverfügungstellung personeller und sächlicher Mittel oder zur Überwindung örtlicher (nicht sachlicher!) Unzuständigkeit. Amtshilfe kommt nur für solche Handlungen in Betracht, die nicht zum Kreis der eigenen Aufgaben gehören (§ 4 Abs. 2 Nr. 2 LVwVfG). Da der Polizeivollzugsdienst gem. § 105 Abs.

5 BWPolG zur **Vollzugshilfe** gesetzlich verpflichtet ist, schließen sich Vollzugs- und Amtshilfe daher gegenseitig aus. Auch erfolgt die Amtshilfe stets **außerhalb** eines bestehenden Weisungsverhältnisses. Amtshilfe kommt daher nur dort in Betracht, wo weder ein **Weisungsverhältnis** besteht noch eine Verpflichtung zur Vollzugshilfe.

Um Amtshilfe handelt es sich daher, wenn der PVD Hilfstätigkeiten für Polizeidienststellen anderer Länder ausführt. Auch in diesem Verhältnis geht es um die Überwindung örtlicher Unzuständigkeit sowie die Zurverfügungstellung personeller und sächlicher Mittel. Der PVD wird in diesem Fall nicht deshalb um Hilfe ersucht, weil er im Gegensatz zur ersuchenden Behörde (andere Polizeidienststelle) über spezielle Kenntnisse und Fähigkeiten verfügt. Auf die besonderen Kenntnisse und Fähigkeiten des PVD kommt es allerdings an, wenn die Polizei von einer Strafvollzugseinrichtung oder einer Maßegelvollzugseinrichtung um Unterstützung gebeten wird. Gem. § 94 Abs. 3 StVollzG bleibt das Recht zu unmittelbarem Zwang aufgrund anderer Regelungen unberührt.

Im Verhältnis der **weisungsbefugten (Polizei-)Behörden** zum Polizeivollzugsdienst ist Vollzugshilfe überflüssig, da die Polizeibehörde das gewünschte Ergebnis mittels Weisung erzielen kann.[90] Allerdings darf die Polizeibehörde den Polizeivollzugsdienst nur zu Vollzugshandlungen anweisen, für deren Durchführung es der besonderen Kenntnisse und Fähigkeiten des Polizeivollzugsdienstes bedarf. Insofern ergibt sich aus § 105 Abs. 5 BWPolG auch eine inhaltliche Begrenzung des Weisungsrechts.[91] Meinungsverschiedenheiten zwischen Polizeibehörde und Vollzugsdienst sollten durch Weisungen der gemeinsamen Aufsichtsbehörde (Innenministerium) geklärt werden. Darüber hinaus kann die Ausübung des Weisungsrechts nicht dazu dienen, gesetzlich festgelegte Kompetenzen zu durchbrechen.[92]

Oftmals besteht die begehrte Amtshilfe in einem **Auskunftsersuchen**. Da die Auskunftserteilung durch die ersuchte Behörde

---

[90] Im Ergebnis ebenso: *Würtenberger/Heckmann/Tanneberger*, Polizeirecht in Baden-Württemberg, § 4 Rn. 63, (Rechtsgedanke aus § 4 II Nr. 1 LVwVfG).
[91] BeckOK PolR BW/*Schatz*, 22. Ed. 17.1.2021, BWPolG § 105 Rn. 17.
[92] Zur Amts- -oder Vollzugshilfe vgl. *Würtenberger/Heckmann/Tanneberger*, Polizeirecht in Baden-Württemberg, § 4 Rn.62 ff.

eine **Datenübermittlung** darstellt, besteht eine Verpflichtung zur Amtshilfe nur, wenn die Datenübermittlung gesetzlich zulässig ist.

Beispiel: Die Polizei begehrt vom Sozialamt Auskunft darüber, wann sich ein polizeilich gesuchter Straftäter regelmäßig im Sozialamt aufhält. Auch das Sozialamt ist gem. Art. 35 GG grundsätzlich zur Amtshilfe verpflichtet. Die Zulässigkeit der Auskunft ist jedoch nach Maßgabe der §§ 67 ff. SGB X zu beurteilen. Betrachtet man den Aufenthalt im Sozialamt nicht als Sozialdatum, kann die Auskunft erfolgen.[93]

---

[93] A.A. *Beckmann*, ZFIS 1997, 73; vgl. hierzu auch KG Berlin, JR 1985, 24, nach Ansicht des KG erfasst der Begriff der Anschrift in § 68 SGB X als minus auch den momentanen Aufenthalt. Eine Auskunftserteilung wäre danach auch gem. § 68 SGB X möglich

8 Fehlerhafter Verwaltungsakt

8.1 Problemstellung

Ein VA ist fehlerhaft, wenn er entweder inhaltlich oder formell an einem Mangel leidet. Die Konsequenzen der Fehlerhaftigkeit müssen dabei unter zwei Aspekten betrachtet werden:
- Inwiefern wirkt sich der Fehler auf die Rechtmäßigkeit des VA aus?
- Im Falle der Rechtswidrigkeit:
Kann die Behörde den VA gem. §§ 48, 49 LVwVfG zurücknehmen?
Kann die Fachaufsichtsbehörde den VA beanstanden?
Kann der Bürger im Rahmen des Rechtsbehelfsverfahrens den VA aufheben lassen (§§ 68, 113, 42 VwGO)?

8.2 Arten der Fehlerhaftigkeit und ihre rechtliche Bedeutung

8.2.1 Nichtakte

Sogen. „Nichtakte„ sind nur der äußeren Form nach Verwaltungsakte, nicht jedoch tatsächlich, weil sie nicht von einer Behörde stammen. Sie gehören also streng genommen gar nicht in diese Rubrik.
Rechtsbehelfe dagegen sind möglich, da auch derartige Akte im Rechtsverkehr einen gewissen Rechtsschein erzeugen.

8.2.2 Unbeachtliche Fehler

Die Behörde kann Schreibfehler, Rechenfehler und ähnliche offenbare Unrichtigkeiten in einem Verwaltungsakt jederzeit berichtigen (§ 42 LVwVfG). Es handelt sich dabei um Versehen, die nichts mit einem Überlegen oder Prüfen zu tun haben.
Beispiel: Das LRA bewilligt dem Antragsteller einen Mietzuschuss in Höhe von 3300 € monatlich statt 330 € und zahlt aus.

8.2.3 Schlicht rechtswidriger VA

Als „schlicht rechtswidrig" bezeichnet man einen VA, der zwar rechtsrechtswidrig ist, dessen Rechtswidrigkeit aber nicht so gravierend ist, dass sie zur Nichtigkeit (Unwirksamkeit) führt. Ein dem Adressaten gegenüber wirksam bekannt gegebener

Fehlerhafter Verwaltungsakt

Verwaltungsakt entfaltet seine Rechtswirkungen, bis er aufgehoben wird, entweder nach §§ 48, 49 LVwVfG oder im Widerspruchsverfahren (§§ 68 ff. VwGO).

Merke: Auch der schlicht rechtswidrige VA ist rechtswirksam und muss beachtet werden, bis er aufgehoben wird.

Beispiel: Auch die rechtswidrige Auflösung einer Versammlung führt zur Entfernungspflicht der Versammlungsteilnehmer aus § 13 Abs. 2 VersG.

Ein Verwaltungsakt ist rechtswidrig, wenn er entweder an einem formellen oder materiellen Fehler leidet. Wenn Sie in der Praxis oder im Rahmen einer Prüfungsarbeit einen Verwaltungsakt auf seine Rechtmäßigkeit hin überprüfen müssen, untersuchen Sie demzufolge zuerst die formelle Rechtmäßigkeit und dann die materielle Rechtmäßigkeit. Hierbei verwenden Sie das im Anhang beigefügte Prüfungsschema. Ein Verwaltungsakt ist formell rechtmäßig, wenn er an keinem Verfahrens- oder Formfehler leidet (vgl. hierzu **Fehler! Verweisquelle konnte nicht gefunden werden.**).

Ein belastender Verwaltungsakt ist materiell (= inhaltlich) rechtmäßig, wenn die nachfolgenden Voraussetzungen erfüllt sind (vgl. **Fehler! Verweisquelle konnte nicht gefunden werden.Fehler! Verweisquelle konnte nicht gefunden werden.** Prüfungsschema III. Materielle Rechtmäßigkeit 1. und 2.):

Die gesetzlichen **Tatbestandsvoraussetzungen** der Ermächtigungsgrundlage (= Befugnisnorm) müssen erfüllt sein. Dies ist durch Subsumtion zu ermitteln.

Es dürfen **keine Ermessensfehler** vorliegen. Zu beachten ist insbesondere das **Willkürverbot** und der **Verhältnismäßigkeitsgrundsatz**. Dies wurde oben ausführlich erörtert.

Der Inhalt des Verwaltungsaktes muss **hinreichend bestimmt** sein (§ 37 Abs. 1 LVwVfG). Der Tenor[94] einer Verfügung muss den Willen der Behörde unzweideutig erkennen lassen. Zur Auslegung kann (soweit eine Auslegung erforderlich ist) die

---

[94] Tenor (Betonung auf dem ‚e') ist beim VA der verfügende Teil („Die für den 8.10. geplante Demonstration wird verboten"). Beim gerichtlichen Urteil ist es der Urteilsspruch.

Begründung herangezogen werden. Eine inhaltliche **Missverständlichkeit** geht immer **zu Lasten der Behörde**.

Das Maß der Bestimmtheit ergibt sich grundsätzlich aus der Eigenart des Verwaltungsakts und der in ihm getroffenen Regelung. Entscheidend ist, ob der VA ohne zusätzliche Konkretisierung Grundlage für die Verwaltungsvollstreckung sein kann.

Beim begünstigenden VA muss der Adressat genau wissen, was er vom Staat zu bekommen hat.

Beispiele: Bestimmt: Verfügung an einen Gaststättenbetreiber, Geräusche, die einen bestimmten Schallpegel überschreiten, zu unterlassen. Verfügung der Polizei, dass das „Mitbringen von Flaschen, Steinen, Büchsen und ähnlichen Gegenständen" verboten wird.

Unbestimmt: Verfügung an einen Anlagenbetreiber, Luftverunreinigungen möglichst zu unterlassen, andernfalls die erforderlichen Maßnahmen auferlegt werden.[95] Auflage bei einer Demonstration „Nötigungen i.S.d. § 240 StGB zu unterlassen",[96] denn die Anwendung des § 240 Abs. 2 StGB (offener Tatbestand) bereitet große Schwierigkeiten, weshalb die Verfügung keine zusätzliche Klarheit bringt.

Bei einer Verbotsverfügung muss das Mittel, das zur Erreichung des Erfolges anzuwenden ist, nicht angegeben werden.

Anders bei einem Gebot: Hier ist die Mittelangabe erforderlich, es sei denn, das Mittel versteht sich von selbst (Beispiel: Aufforderung, eine einsturzgefährdete Mauer zu beseitigen).

Eine Gebotsverfügung darf nichts Unmögliches verlangen.

Die tatsächliche Unmöglichkeit, die für jedermann besteht (objektive Unmöglichkeit) führt zur Rechtswidrigkeit und gem. § 44 Abs. 2 Nr. 4 LVwVfG sogar zur Nichtigkeit des VA.

Beispiel: Auflage, bei einer Demonstration jede Beeinträchtigung des Verkehrs, auch des Fußgängerverkehrs zu unterlassen.[97]

Wenn die Befolgung nur dem Adressaten unmöglich ist (subjektives Unvermögen), führt dies zur Rechtswidrigkeit (nicht zur Nichtigkeit).

Beispiel: Bestellung eines Schwerkranken zum Wahlbeisitzer.

---

[95] OVG NRW, DVBl 1976, 800.
[96] BayVGH, NVwZ 1984, 2116.
[97] BayVGH, NVwZ 1984, 2116.

Fehlerhafter Verwaltungsakt

Ausnahme: Wenn die Verpflichtung nicht persönlich erbracht zu werden braucht. Keine Befreiung infolge finanzieller Leistungsunfähigkeit!
Beispiel: Gebot die Straße von Schnee zu räumen.

8.2.4 Nichtiger VA

Im Gegensatz zur „schlichten Rechtswidrigkeit" führt die Nichtigkeit zur Unwirksamkeit (§ 43 LVwVfG). Der nichtige VA entfaltet keine Rechtswirkungen und muss daher von niemandem beachtet werden. Eine Heilung ist nicht möglich. Eine Nichtbefolgung kann auch keine Ahndung als OWi nach sich ziehen.

Als Rechtsbehelfe gegen nichtige Verwaltungsakte kommen in Betracht: § 44 Abs. 5 LVwVfG (Antrag an die Behörde), § 42 VwGO (Anfechtungsklage, Frist!), § 43 VwGO (Feststellungsklage).

Gem. § 44 Abs. 2 LVwVfG (sogen. Positivkatalog) ist ein VA nichtig, wenn
- bei Schriftform die erlassende Behörde nicht erkennbar ist,
- bei Erlass gegen die Pflicht zur Urkundenaushändigung verstoßen wird,
- gegen Vorschriften über die Zuständigkeit der „belegenen Sache" (§ 3 Abs. 1 Nr. 1 LVwVfG) verstoßen wird,
- der VA aus tatsächlichen Gründen von niemandem ausgeführt werden kann (objektive tatsächliche Unmöglichkeit),
- die Befolgung des VA einen Straf- oder Bußgeldtatbestandverwirklichen würde,
- der VA gegen die guten Sitten verstößt.
Beispiel: Erlaubnis nach § 33a GewO zum Betrieb einer „Peepshow".

Liegt kein Fall des § 44 Abs. 2 vor, ist der Abs. 3 (sogen. **Negativkatalog**) zu prüfen. Danach ist ein VA nicht schon deshalb nichtig, weil

- die erlassende Behörde örtlich unzuständig ist (vorbehaltlich Abs. 2 Nr. 3),
- gegen das Mitwirkungsverbot (§ 20 LVwVfG) verstoßen wurde,

- dem Mitwirkungserfordernis anderer Behörden und Ausschüsse nicht genügt wurde.

Schließlich kann ein VA nichtig sein, wenn er an einem schwerwiegenden und offenkundigen Fehler leidet § 44 Abs. 1 LVwVfG (sogen. **Evidenzregel**)

- **Schwerwiegend**: Verstoß gegen die Rechtsordnung und die ihr zugrunde liegenden Wertvorstellungen.
- **Offenkundig**: Fehlerhaftigkeit durch einen aufgeschlossenen Durchschnittsbetrachter ohne weiteres erkennbar.

Beispiele für evident nichtige Verwaltungsakte: Hoheitliches Handeln auf fremdem Staatsgebiet. Entscheidung einer Bundesbehörde, statt einer Landesbehörde. Entscheidung des Forstamtes, anstatt des Finanzamtes.

Prüfungsreihenfolge:

1. Abs. 2 (evidenzunabhängige Nichtigkeit)
2. Abs. 3 (Fälle in denen Nichtigkeit nicht gegeben ist)
3. Abs. 1 (Grundsatzregelung gemäß Evidenztheorie)

9 Verwaltungskontrolle

9.1 Aufsicht und formlose Rechtsbehelfe

Die jeweils höheren Behörden können durch allgemeine Weisungen oder durch Einzelanweisungen den Gesetzesvollzug der jeweils niedrigeren Behörde lenken (Richtlinien, Verwaltungsvorschriften, Weisungen).

9.1.1 Fachaufsicht

Innerhalb der Behördenhierarchie der Landesverwaltung findet uneingeschränkte Fachaufsicht statt. Dasselbe gilt, wenn in den Fällen mittelbarer Staatsverwaltung die Gemeinden als untere Verwaltungsbehörden die Bundes- oder Landesgesetze vollziehen.

Beispiel: Vollzug des Aufenthaltsgesetzes durch die Stadt Ulm – Amt für öffentliche Ordnung –.

Definition: Fachaufsicht ist die inhaltliche Aufsicht über die Sachentscheidungen der nachgeordneten Behörde. Sie betrifft die Rechtmäßigkeit und Zweckmäßigkeit des Verwaltungshandelns.

Beispiel: § 109 BWPolG: Fachaufsicht über die Kreispolizeibehörden (Stadtkreise, Große Kreisstädte): Das Regierungspräsidium und die zuständigen Ministerien.

Beispiel: § 118 Abs.1 BWPolG: Die Fachaufsicht über die Polizeidienststellen sowie das Präsidium Technik, Logistik, Service der Polizei führt das Innenministerium. Handelt der Polizeivollzugsdienst nach § 105 Abs. 2 oder 4 BWPolG oder auf Weisung der Polizeibehörde, führen die Kreispolizeibehörden, die Regierungspräsidien und die fachlich jeweils zuständigen Ministerien die Fachaufsicht.

9.1.2 Rechtsaufsicht

Rechtsaufsicht ist die inhaltliche Aufsicht über die Sachentscheidungen selbständiger Verwaltungsträger in weisungsfreien Angelegenheiten. Sie betrifft ausschließlich die Rechtmäßigkeit des Verwaltungshandelns (ohne Zweckmäßigkeit).

Beispiel: Kommunalaufsicht (Aufsicht in weisungsfreien Angelegenheiten, Bauleitplanung, Straßenbau): § 118 Abs. 1 GemO.

Im Gefahrenabwehrrecht gibt es keine reine Rechtsaufsicht.

9.1.3 Dienstaufsicht

Dienstaufsicht ist die organisatorische Aufsicht über die innere Ordnung, die allgemeine Geschäftsführung und die Personalangelegenheiten der nachgeordneten Behörden sowie die personalrechtliche Aufsicht über die Pflichterfüllung der Bediensteten.

Die Unterscheidung von Fachaufsicht und Dienstaufsicht entspricht der beamtenrechtlichen Unterscheidung von Vorgesetzten (§ 3 Abs. 2 Satz 2 BBG) und Dienstvorgesetzten (§ 3 Abs. 2 Satz 1 BBG).

Die Dienstaufsicht bezieht sich im Wesentlichen auf die allgemeine und formelle, die Fachaufsicht auf die besondere und materielle Wahrnehmung der Aufgaben.

9.1.4 Mittel der Aufsicht

- **Informationsrecht**
  Es folgt aus dem Aufsichtsverhältnis selbst, ist aber auch gesetzlich vorgesehen: § 119 Abs.2 BWPolG (Unterrichtungspflicht).
- **Weisungsrecht**
  Das Recht Weisungen zu erteilen, folgt aus dem Aufsichtsverhältnis, §110 Abs. 1; 119 Abs. 1 BWPolG.
- **Mitwirkungsrecht**
- **Selbsteintrittsrecht**
  Das Selbsteintrittsrecht berechtigt die Aufsichtsbehörde, eine Verwaltungshandlung, anstelle der eigentlich zuständigen nachgeordneten Behörde selbst vorzunehmen, § 110 Abs. 2 BWPolG. Im Regelfall steht dieses Recht der Aufsichtsbehörde nicht zu.[98] Grundsätzlich ist die untere Behörde zuständig (vgl. § 111 Abs. 2 BWPolG). Eine **Zuständigkeit** der **Aufsichtsbehörde** kann sich jedoch bei Gefahr im Verzug ergeben (§ 112 Abs. 1 BWPolG)

9.1.5 Formlose Rechtsbehelfe

- Gegenvorstellung: Ersuchen an die Ausgangsbehörde

---

[98] *Walker/Schad* in: *Schweickhardt/Vondung/Zimmermann-Kreher*, Allgemeines Verwaltungsrecht, Rn. 759; VGH BW, NVwZRR -1992, 602; Ausn.: § 22 PolG.

- Fachaufsichtsbeschwerde: Ersuchen an die Aufsichtsbehörde
- Dienstaufsichtsbeschwerde: Ersuchen an die Aufsichtsbehörde
- Dienstaufsichtsbeschwerde: Ersuchen an den Dienstvorgesetzten, gegen einen Bediensteten wegen seines persönlichen Verhaltens disziplinarrechtlichen einzuschreiten.
- Petition

Rechtsgrundlage für formlose Rechtsbehelfe: Art. 17 GG.

9.2 Widerspruch

Das **Widerspruchsverfahren (=Vorverfahren)** gibt dem Bürger einen **förmlichen Rechtsbehelf**. Es dient der Entlastung der Gerichte; der Bürger enthält durch das Vorverfahren eine weitere Prüfungsinstanz; schließlich öffnet es der Verwaltung die Möglichkeit der Selbstkontrolle.[99]

Das Vorverfahren ist für die Anfechtungs- und Verpflichtungsklage **Prozessvoraussetzung**, d.h. die Klage ist ohne vorherige Durchführung des Widerspruchsverfahrens **unzulässig**.[100] Ausnahmsweise ist die Durchführung des Widerspruchsverfahrens jedoch in den Fällen des § 68 Abs. 1 Satz 2 VwGO entbehrlich: Wenn ein Bundes- oder Landesgesetz dies für einen besonderen Fall bestimmt

Beispiel: § 11 AsylG („Gegen Maßnahmen und Entscheidungen nach diesem Gesetz findet kein Widerspruch statt."), §§ 30 Abs. 2, 31 Abs. 3 Kommunalwahlgesetz (KomWG)

oder der Verwaltungsakt von einer obersten Bundes- oder Landesbehörde erlassen wurde, außer wenn ein Gesetzt die Nachprüfung vorschreibt, wie § 126 BRRG (wichtige Norm im Dienstrecht - lesen!).

---

[99] Vgl. BVerwGE 51, 310.
[100] Unzulässig heißt: Die Klage wird nicht zur Entscheidung angenommen. Eine Prüfung, ob der Verwaltungsakt rechtswidrig ist, findet nicht statt.

9.2.1 Zuständigkeit und Verfahren.

Der Widerspruch ist gem. § 70 VwGO bei der **Ausgangsbehörde** (oder bei der Widerspruchsbehörde) **schriftlich** oder **mündlich**[101] **zur Niederschrift** einzulegen. Die Schriftform ist gewahrt, wenn der Widerspruch vom Widersprecher oder seinem Vertreter eigenhändig unterschrieben wird (leserlich!). Im Falle der mündlichen Einlegung eines Widerspruches muss dies von einem Beamten protokolliert und beurkundet werden (entspr. § 81 Abs. 1 Satz 2 VwGO). Eine Unterzeichnung durch den Widersprecher ist dann nicht mehr erforderlich.

Der Widerspruch ist **bei der Behörde** zu erheben; bei Verwaltungsakten einer Polizeidienststelle also auf dem Polizeipräsidium oder dem Revier. Deshalb und wegen der zu beachtenden Form ist während eines Einsatzes vor Ort die Einlegung eines Widerspruches in aller Regel ausgeschlossen!

Die Ausgangsbehörde hat nach § 72 VwGO zunächst darüber zu entscheiden, ob sie **abhilft**, d.h., dem Widersprecher gibt, was er begehrt.

Beispiel: Im Fall der Beschlagnahme eines Fahrzeugs durch Polizeibeamte wäre die Abhilfe die Aufhebung der Beschlagnahme.

Rechtlich möglich wäre auch eine Anweisung der Fachaufsichtsbehörde an die Ausgangsbehörde, dem Widerspruch abzuhelfen.

Kommt eine Abhilfe nicht in Betracht, gibt die Ausgangsbehörde die Sache mit einer kurzen Stellungnahme versehen an die Widerspruchsbehörde. Welche Behörde **zuständige Widerspruchsbehörde ist,** ergibt sich aus § 73 VwGO. Grundsatz: Die nächsthöhere Behörde ist Widerspruchsbehörde (§ 73 Abs. 1 Nr. 1 VwGO). Das ist diejenige, die über die Ausgangsbehörde die Fach- oder Rechtsaufsicht führt.

Beispiel: Ausländerbehörde (Stadt Stuttgart): Widerspruchsbehörde ist das Regierungspräsidium (als höhere Ausländerbehörde).

Bei **Verwaltungsakten einer Polizeidienststelle** ist § 16 Ausführungsgesetz zur VwGO (AGVwGO) zu beachten. Danach ist nächsthöhere Behörde bei Verwaltungsakten einer

---

[101] Nicht fernmündlich, s. *Kopp/Schenke*, VwGO, § 70 Rn. 2; *Kastner*, in: *Fehling/Kastner/Störmer* (Hrsg.), HK-VerwR, § 70 VwGO, Rn. 8.

Polizeidienststelle nach § 105 Abs. 2 BWPolG (= Maßnahmen des PVD, wenn ein sofortiges Tätigwerden erforderlich erscheint) die unterste nach § 118 BWPolG zur Fachaufsicht zuständige allgemeine Polizeibehörde.
Bei allen sonstigen Anordnungen einer Polizeidienststelle ist § 73 Abs.1 Satz 1 Nr. 2 VwGO zu beachten: Gem. § 118 Abs. 1 BWPolG führt das Innenministerium die Fachaufsicht über die Polizeidienststellen und ist somit die nächsthöhere Behörde. Da das Innenministeriumeine oberste Landesbehörde ist, entscheidet das Präsidium über den Widerspruch.
Beispiele: Beschlagnahme eines Kfz durch den Polizeivollzugsdienst gem. § 38 BWPolG: zuständige Widerspruchsbehörde ist das örtlich zuständige Präsidium. Versammlungsverbot durch die Stadt Freiburg als Kreispolizeibehörde: zuständige Widerspruchsbehörde ist gem.§ 73 Abs. 1 Satz 1 Nr. 1 VwGO das Regierungspräsidium Freiburg.
Die Widerspruchsbehörde prüft zuerst die **Zulässigkeit** und dann die **Begründetheit**[102] des Widerspruchs. Die Zulässigkeitsvoraussetzungen sind die Sachentscheidungsvoraussetzungen. Sie müssen vorliegen, damit die Widerspruchsbehörde überhaupt verpflichtet ist, den Verwaltungsakt auf seine Rechtmäßigkeit hin zu überprüfen. Nachfolgend (9.2.2) werden die wichtigsten Zulässigkeitsvoraussetzungen kurz dargestellt.[103] Der Widerspruchsbescheid ist stets zu begründen. Er muss außerdem eine Rechtsbehelfsbelehrung enthalten und bestimmen, wer die Kosten des Verfahrens trägt.

9.2.2 Zulässigkeitsvoraussetzungen

(1) Bei der angefochtenen Maßnahme muss es sich um einen **Verwaltungsakt** i.S. des § 35 LVwVfG handeln.

Greift der Betroffene (Widersprecher, Widerspruchsführer) einen belastenden VA an, bezeichnet man den Widerspruch als

---

[102] Der Begriff „Begründetheit" hat nichts mit der Begründung des Widerspruchs zu tun. Ein Widerspruch – oder auch eine Klage – ist begründet, wenn der Widersprecher oder Kläger in der Sache recht hat, zum Beispiel weil der angegriffene Verwaltungsakt rechtswidrig ist und den Widersprecher oder den Kläger in seinen Rechten verletzt (vgl. § 113 VwGO).
[103] Weitere Voraussetzungen bei *Büchner/Schlotterbeck*, VwPR, Rn. 253 ff. und in der einschlägigen Kommentierung der VwGO

Anfechtungswiderspruch. Hat der Betroffene einen begünstigenden VA beantragt und die Behörde den Erlass dieses VA abgelehnt, bezeichnet man den gegen die Ablehnung gerichteten Widerspruch als **Verpflichtungswiderspruch.**

Beispiel: Antrag auf Erteilung einer Aufenthaltserlaubnis, Ablehnung dieses Antrages durch die Ausländerbehörde, Widerspruch gegen die Ablehnung. Ziel: Aufhebung der Ablehnung und Erteilung der Aufenthaltserlaubnis durch Widerspruchsbehörde.

Ausnahme: § 126 BRRG: Vorverfahren auch vor Leistungs- und Feststellungsklagen, also auch dann, wenn die angegriffene Maßnahme des Dienstherrn nicht als VA zu qualifizieren ist.

(2) **Verwaltungsrechtsweg** (§ 40 VwGO)

Diesem Prüfungspunkt kommt im Widerspruchsverfahren geringe Bedeutung zu, da eine öffentlich-rechtliche Streitigkeit immer gegeben ist, wenn die angegriffene Maßnahme einen VA darstellt.

(3) **Widerspruchsbefugnis** (§ 42 VwGO analog)

Der Widerspruch ist nur zulässig, wenn der Widersprecher durch den angegriffenen VA **beschwert**[104] ist (geringe Anforderungen). Eine Rechtsverletzung muss zumindest möglich sein. Ob der Widersprecher tatsächlich in seinen Rechten verletzt ist, ist bei der Begründetheit zu prüfen. Verhindert werden sollen sogen. „Popularwidersprüche", d.h. niemand soll gegen einen VA Widerspruch einlegen dürfen, wenn der VA ihn persönlich nicht in seinen Rechten beeinträchtigt.

Merke: Bei Polizeiverfügungen ist eine Rechtsverletzung immer möglich (sogen. Adressatentheorie)!

(4) **Form und Frist** (§ 70 VwGO)

---

[104] „Beschwert" bedeutet so viel wie „belastet". Eine Verletzung eigener subjektiver Rechte muss zumindest möglich sein. Ob sie tatsächlich gegeben ist, soll in dem anstehenden Verfahren geprüft werden.

Verwaltungskontrolle

Der Widerspruch kann schriftlich oder zur Niederschrift eingelegt werden. Er muss nicht als Widerspruch bezeichnet werden. Eine Begründung ist zweckmäßig aber nicht vorgeschrieben (s.o.).
Die **Frist** beträgt einen Monat ab Bekanntgabe. Die Berechnung der Frist erfolgt nach § 57 Abs. 2 VwGO, 222 Abs. 1 und 2 ZPO i. V. m. den §§ 187 Abs. 1, 188 Abs. 2 1. Alt. und 188 Abs. 3, 193 BGB.

Beispiele: Bekanntgabe am Donnerstag, den 28. Oktober 2021 – Fristablauf Montag, 29. November 2021, da der 28. November 2021 ein Sonntag ist.

Ausnahme: Die **Rechtsbehelfsbelehrung** ist **unterblieben** oder **unrichtig** erteilt (z.B. Widerspruchsfrist wird mit 4 Wochen statt mit einem Monat angegeben). In diesem Fall verlängert sich die Frist auf ein Jahr (§ 70 Abs. 2 i.V. mit § 58 Abs. 2 VwGO).

Merke: Eine unterlassene oder fehlerhafte Rechtsbehelfsbelehrung führt zwar nicht zur Rechtswidrigkeit des Verwaltungsakts, aber die Widerspruchsfrist verlängert sich auf ein Jahr ab Kenntnis des Verwaltungsakts.

War der Widersprecher ohne Verschulden verhindert, die Frist einzuhalten, so ist ihm auf Antrag **Wiedereinsetzung in den vorigen Stand** zu gewähren (§ 60 VwGO). Der Antrag muss binnen 2 Wochen gestellt werden.
Beispiel: Urlaubsabwesenheit (bei U. über 6 Wochen müssen entspr. Vorkehrungen getroffen werden.); allgemeine Postlaufzeiten wurden überschritten.[105]

(5) Der Widerspruch ist auch unzulässig, wenn das Sachbescheidungsinteresse (allgemeines **Rechtsschutzbedürfnis**) fehlt.
Beispiel: Missbrauch; Erledigung (Kein „Fortsetzungsfeststellungswiderspruch").

9.2.3 Begründetheit des Widerspruchs

Der Widerspruch ist analog § 113 Abs. 1 Satz 1 VwGO begründet, wenn der VA rechtswidrig ist und den Widersprecher dadurch in

---

[105] Vgl. hierzu *Kopp/Schenke*, VwGO, § 60 Rn. 10 ff.; *Porz/Holtbrügge*, in: *Fehling/Kastner/Störmer* (Hrsg.), HK-VerwR, § 60 VwGO, Rn. 13 ff. (kein Verschulden); zur Pflicht Vorkehrungen zu treffen vgl. BVerwG, DÖV 1991, 27.

seinen Rechten verletzt. Wurde der Ausgangsbehörde Ermessen eingeräumt, kann der Widerspruch auch deshalb erfolgreich sein, wenn die Widerspruchsbehörde die Entscheidung der Ausgangsbehörde für unzweckmäßig hält. In der Praxis ist die Zweckmäßigkeitsprüfung allerdings nachrangig.

9.3 Die verwaltungsgerichtliche Klage

In Baden-Württemberg gibt es ein Oberverwaltungsgericht, den Baden-Württembergischen Verwaltungsgerichtshof (VGH) und für jeden Regierungsbezirk ein Verwaltungsgericht (VG): Karlsruhe, Freiburg, Stuttgart, Sigmaringen. In Rheinland-Pfalz gibt es ein OVG und die vier Verwaltungsgerichte Koblenz, Mainz, Neustadt an der Weinstraße und Trier.

Die Spruchkörper an den Verwaltungsgerichten heißen Kammern. Sie bestehen aus 3 Berufsrichtern und 2 Laienrichtern. Am OVG (VGH) entscheiden die mit 3 Berufsrichtern besetzten Senate.

Es gibt – **abhängig von dem verfolgten Ziel** – folgende **Klagearten**:

- Will der Betroffene die Aufhebung eines Verwaltungsakts: Anfechtungsklage.
- Will er den Erlass eines Verwaltungsakts: Verpflichtungsklage.
- Will er von der Verwaltung etwas, das nicht als Verwaltungsakt zu qualifizieren ist: Allgemeine Leistungsklage.
- Will er die Nichtigkeit eines Verwaltungsaktes oder die Rechtmäßigkeit einer Maßnahme, die kein Verwaltungsakt ist, feststellen lassen: Feststellungsklage.

Wegen Art. 19 Abs. 4 GG ist anerkannt, dass sämtliche staatlichen Maßnahmen vor dem Verwaltungsgericht auf ihre Rechtmäßigkeit hin überprüft werden können.

9.3.1 Anfechtungsklage

Eine Anfechtungsklage ist nur erfolgreich (d.h. das Gericht hebt den Verwaltungsakt antragsgemäß auf), wenn sie zulässig und begründet ist. Zuerst prüft das Gericht die Zulässigkeit. Dies sind die Formalien der Klage. Nur wenn die Klage zulässig ist, besteht

Veranlassung für das Verwaltungsgericht, sich mit der Rechtmäßigkeit des Verwaltungsakts zu beschäftigen, also dessen formelle und materielle Rechtmäßigkeit zu überprüfen. Im Folgenden soll ein Überblick über die beiden Prüfungsstationen der Anfechtungsklage gegeben werden.

9.3.1.1 Zulässigkeit

(1) Verwaltungsrechtsweg § 40 VwGO

Nach § 40 VwGO ist der Verwaltungsrechtsweg in allen öffentlich-rechtlichen Streitigkeiten nichtverfassungsrechtlicher Art gegeben, soweit die Streitigkeit nicht durch Bundesgesetz einem anderen Gericht ausdrücklich zugewiesen ist.

Bei der Lösung von Polizeirechtsfällen bereitet diese Bestimmung i.d.R. keine Schwierigkeiten, denn die Normen des Ordnungsrechtes gehören sämtlich zum öffentlichen Recht (sogen. Über- Unterordnungsverhältnis).

Folgende Prüfungsschritte sind einzuhalten:

1. Liegt eine verfassungsrechtliche Streitigkeit vor?
Eine verfassungsrechtliche Streitigkeit ist der Streit zwischen Verfassungsorganen über deren Rechte und Pflichten. Hierzu gehört nicht der Streit eines Bürgers mit dem Staat, selbst wenn ein Verfassungsorgan daran beteiligt ist.
2. Existiert eine Bestimmung, die den Rechtsstreit einem **anderen Gericht** zuweist?

Den **Zivilgerichten** (= ordentliche Gerichtsbarkeit) sind folgende öffentlich-rechtliche Streitigkeiten zugewiesen:
- **Amtshaftungsansprüche** nach Art. 34 S. 3 GG i.V. mit § 839 BGB (Schadensersatzansprüche wegen Amtspflichtverletzung).
- **Entschädigungsansprüche** wegen Inanspruchnahme als Nichtstörer (§§ 9, 100 BWPolG).
- § 23 Einführungsgesetz zum Gerichtsverfassungsgesetz (EGGVG) für **Justizverwaltungsakte**. Bei Streitigkeiten über beendete polizeiliche Zwangsmaßnahmen in der

Kapitel 9

Strafverfolgung entscheiden die ordentlichen Gerichte.[106] Die **Polizei** ist hier den **Justizbehörden im funktionellen Sinne** zuzuordnen.

Im Bereich der (präventiven) Gefahrenabwehr ist dagegen der Verwaltungsrechtsweg eröffnet.[107] Umstritten ist die Rechtsnatur der Sperrerklärung gem. § 96 StPO. Nach VGH Baden-Württemberg[108] handelt es sich nicht um einen Justizverwaltungsakt; also Zuständigkeit der Verwaltungsgerichte.

Handelt es sich um eine öffentlich-rechtliche oder privat-rechtliche Streitigkeit?
Dies ist der Fall, wenn der Rechtsstreit aufgrund öffentlich-rechtlicher Normen zu entscheiden ist.

Wichtig: Die Normen des Polizeirechts gehören sämtlich zum öffentlichen Recht (sogen. Über-/ Unterordnungsverhältnis).

(2) Sachliche, funktionelle und örtliche **Zuständigkeit des Gerichts** §§ 45, 48 ff VwGO. § 45 VwGO begründet die allgemeine sachliche Zuständigkeit des VG im ersten Rechtszug. Die funktionelle Zuständigkeit, d.h. die Zuständigkeit im Instanzenweg behandeln die §§ 46 und 49 VwGO. Mit der Regelung der örtlichen Zuständigkeit befasst sich § 52 VwGO.

(3) **Statthaftigkeit der Klage** (§ 42 VwGO): Die Anfechtungsklage ist die **richtige Klageart**, wenn der Kläger die Aufhebung eines Verwaltungsaktes i. S. d. § 35 LVwVfG begehrt.

(4) **Inhalt** und **Form** der Klage (§§ 81, 83 VwGO).

---

[106] OVG Hamburg, NJW 1970, 1699 (Klage auf Feststellung der Rechtswidrigkeit polizeilichen Verhaltens während der Vernehmung); OVG NRW, NJW 1980, 855 (Klage gegen beobachtende Fahndung der Polizei).
[107] Äußert sich die Polizei nicht, ob sie präventiv oder repressiv tätig werden will, so ist entscheidend, wie sich die Maßnahme einem verständigen Bürger in der Lage des Betroffenen darstellt (VGH BW, Urteil v. 16.05.1988 - 1 S 1826/87 = Kriminalistik 1988, 612 = VBlBW 1989, 16 = DÖV 1989, 171 = NVwZRR 1989, 412).
[108] BWVPr 1991, 208 = DVBl 1991, 1363.

(5) **Klagebefugnis** (§ 42 Abs. 2 VwGO): Der Kläger muss geltend machen, durch den VA in seinen Rechten (einem subjektiv öffentlichen Recht) verletzt zu werden. Damit sollen **Popularklagen verhindert** werden (Ausnahmen: Verbandsklage von Naturschutzverbänden nach Maßgabe des § 61 BNatSchG). Ist der Kläger **Adressat** eines belastenden VA wird die Möglichkeit einer **Rechtsbeeinträchtigung indiziert** (Adressatentheorie). Im Bereich des Polizeirechts ist die Klagebefugnis regelmäßig unproblematisch.

Keine Klagebefugnis besteht z.b. bei einer Klage gegen ein Halteverbotszeichen (281) auf einer Wendeplatte.[109]

Bei Verwaltungsakten mit **drittbelastender Doppelwirkung** muss der Kläger, der selbst nicht Adressat ist, geltend machen, dass solche Rechtsvorschriften verletzt sind, die zumindest auch seinem Schutz zu dienen bestimmt sind. Dies ist die so genannte Nachbarklage. Voraussetzung: Unmittelbare räumliche Beziehung.

(6) **Vorverfahren** (§ 68 VwGO): Die Anfechtungsklage ist nur zulässig, wenn Recht- und Zweckmäßigkeit des Verwaltungsaktes im Vorverfahren (=Widerspruchsverfahren) überprüft wurde. Der Kläger muss also Widerspruch eingelegt haben.

Ausnahme: Nach § 75 VwGO ist die Anfechtungsklage auch ohne Vorverfahren zulässig, wenn die Behörde über den Antrag des Klägers ohne zureichenden Grund in angemessener Frist (in der Regel 3 Monate) nicht entschieden hat.

(7) **Klagefrist** (§ 74 VwGO): 1 Monat nach Zustellung des Widerspruchsbescheides.

9.3.1.2 Begründetheit

Die Anfechtungsklage ist begründet, wenn der VA rechtswidrig ist und der Kläger dadurch in seinen Rechten verletzt wird (§ 113 Abs. 1 Satz 1 VwGO). Die Prüfung durch das Gericht erfolgt entsprechend dem im Anhang abgedruckten Prüfungsschema.

Ist der VA bereits vollzogen, kann das Gericht die Folgenbeseitigung anordnen (Folgenbeseitigung, § 113 Abs. 1 Satz 2, 3

---

[109] VGH BW, NJW 1990, 3290.

VwGO). Der Anspruch geht nicht auf Entschädigung, sondern auf Wiederherstellung des rechtmäßigen Zustandes.

Beispiel: Wiedereinstellung eines rechtswidrig entlassenen Beamten. Rücküberweisung nach rechtswidrigem Gebührenbescheid.

Beispiel: Die Polizeibehörde beschlagnahmt eine leerstehende Wohnung und weist eine obdachlose Familie ein. Hier wird der Wohnungseigentümer als Nichtstörer in Anspruch genommen (§ 9 Abs. 1 BWPolG). Aus § 100 Abs. 1 Satz 1 BWPolG steht ihm ein Anspruch auf Nutzungsentschädigung zu. Wird die Einweisung auch nach 6 Monaten noch aufrechterhalten, kann er über den Folgenbeseitigungsanspruch von der Polizeibehörde die Räumung verlangen.[110]

9.3.2 Fortsetzungsfeststellungsklage

Ein Sonderfall der Anfechtungsklage ist die sogen. **Fortsetzungsfeststellungsklage**.

Hat sich der Verwaltungsakt nach Klageerhebung durch Rücknahme oder auf andere Weise (z.B. Zeitablauf, auflösende Bedingung) erledigt, so kann der Kläger die Hauptsache für erledigt erklären und Kostenentscheidung nach § 161 VwGO beantragen. Die Kosten hat dann diejenige Partei zu tragen, die den Prozess aller Voraussicht nach verloren hätte. Der Kläger kann aber auch seinen ursprünglichen Anfechtungs- oder Verpflichtungsantrag ändern und gem. § 113 Abs. 1 Satz 4 VwGO beantragen festzustellen:

„Die erledigte Beschlagnahme war rechtswidrig."[111]

§ 113 Abs. 1 Satz 4 VwGO wird auch dann (entsprechend) angewandt, wenn sich der Verwaltungsakt bereits **vor** der **Klageerhebung erledigt** hat (sogen. „**analoge Fortsetzungsfeststellungsklage**"). Eines Vorverfahrens bedarf es dann regelmäßig nicht mehr.

Erledigung ist anzunehmen, wenn der Verwaltungsakt seine regelnde Wirkung verliert.[112] Wenn sich ein Verwaltungsakt etwa

---

[110] Vgl. zu dieser Problematik *Würtenberger/Heckmann/Tanneberger,* Polizeirecht in Baden-Württemberg, § 9 Rn. 23 ff.; VGH BW, NVwZ 1987, 1101.

[111] Die Beschlagnahme begründet ein öffentlich-rechtliches Verwahrungsverhältnis. Wenn dieses endet, ist die Beschlagnahme erledigt. Dies ist der Fall, wenn die Polizei die Sache wieder herausgibt oder die Sache im Anschluss an die Beschlagnahme eingezogen wird, vgl. VG Freiburg (Breisgau), Beschluss v. 09.11.2020 - 4 K 2926/20.

[112] VGH BW, Urteil v. 08.07.2014 - 8 S 1071/13; *Stelkens/Bonk/Sachs,* VwVfG, 9. Aufl. 2018, § 43 Rn. 204.

durch Vollzug oder Zeitablauf erledigt hat, können von ihm keine Rechtswirkungen mehr ausgehen. Deshalb ist auch die inhaltliche Überprüfung in einem Widerspruchsverfahren grundsätzlich nicht mehr möglich. Ein „Fortsetzungsfeststellungswiderspruch" wäre unzulässig, da die reine Rechtskontrolle Sache der Gerichte ist. Ist die Erledigung des VA allerdings nach Ablauf der Widerspruchsfrist eingetreten, und der Kläger hat keinen Widerspruch eingelegt, führt dies zur Unzulässigkeit der Fortsetzungsfeststellungsklage. Im Falle mündlicher Polizeiverfügungen tritt die Erledigung regelmäßig vor Ablauf der Widerspruchsfrist ein. Konsequenz: Der Betroffene kann sofort Klage erheben. Klagefrist, § 58 Abs. 2 VwGO: 1 Jahr.

Da sich polizeiliche Verwaltungsakte (Standardmaßnahmen wie Verfügungen auf der Grundlage der polizeilichen Generalklausel) regelmäßig vor Ablauf der Widerspruchsfrist erledigt haben, ist die **analoge Fortsetzungsfeststellungsklage die wichtigste Klageart zur Überprüfung der Rechtmäßigkeit vollzugspolizeilicher Maßnahmen!**

Hat sich der Verwaltungsakt erledigt, besteht eigentlich kein Grund mehr, die Gerichte damit zu befassen. Grundsätzlich sehen die Gerichte ein Rechtsschutzinteresse nur so lange als gegeben an, als ein gerichtliches Verfahren dazu dienen kann, eine gegenwärtige Beschwer (=Belastung des Bürgers durch den Verwaltungsakt) auszuräumen, einer Wiederholungsgefahr zu begegnen oder eine fortwirkende Beeinträchtigung durch einen an sich beendeten Eingriff zu beseitigen. Will der Betroffene also, dass das Verwaltungsgericht den erledigten Verwaltungsakt für rechtswidrig erklärt, muss er ein **besonderes Feststellungsinteresse** vortragen. Dieses besondere Feststellungsinteresse ist eine besondere Zulässigkeitsvoraussetzung für die Fortsetzungsfeststellungsklage, vom Gericht also bei der Zulässigkeit zu prüfen.

Üblicherweise anerkennen die Gerichte ein besonderes Feststellungsinteresse, wenn in absehbarer Zeit mit im Wesentlichen gleichen tatsächlichen und rechtlichen Verhältnissen zu rechnen ist, wie sie der Entscheidung zu Grunde liegen (**Wiederholungsgefahr**), oder wenn die erledigte staatliche Maßnahme geeignet war, das Ansehen des Betroffenen in der Öffentlichkeit herabzusetzen (**Rehabilitationsinteresse**).[113]

Beispiele für Wiederholungsgefahr: Dem Kläger wurde durch die Polizei der Zugang zu einer öffentlichen Versammlung in einem geschlossenen Raum verwehrt.[114]

Beispiel für Rehabilitationsinteresse: Eine Person wird vor den Augen der Nachbarn von Polizeibeamten in Gewahrsam genommen.

Im Falle von erheblichen polizeilichen Grundrechtseingriffen ist ein besonderes Feststellungsinteresse grundsätzlich anzuerkennen.

Polizeiliche Eingriffsmaßnahmen weisen in zweierlei Hinsicht eine Besonderheit auf: Zum einen den Umstand, dass der Betroffene regelmäßig keine Möglichkeit hat, irgendwelche Rechtsbehelfe dagegen einzulegen. Zum andern die gerade bei vollzugspolizeilichen Maßnahmen bestehende hohe Eingriffsintensität (Freiheitsentziehung, unmittelbarer Zwang, z.B. Wasserwerfereinsatz[115]). Gerade der erste Aspekt könnte dazu führen, dass polizeiliche Grundrechtseingriffe regelmäßig nicht auf ihre Rechtmäßigkeit hin überprüft werden könnten. Dies aber wäre mit dem durch **Art. 19 Abs. 4 GG** garantierten **Anspruch auf effektiven Rechtsschutz** nicht zu vereinbaren! Aus diesem Grund ist das besondere Feststellungsinteresse bei (erledigten) polizeilichen Grundrechtseingriffen von einer gewissen Intensität regelmäßig zu bejahen.[116] Dies ist bei polizeilichen Eingriffen in spezifische Grundrechte stets der Fall.[117]

---

[113] VGH BW, VBlBW 1986, 308.
[114] BVerfG, VBlBW 1991, 337; Vorinstanz VGH BW, NVwZRR- 1990, 602. Ebenfalls aus dem Versammlungsrecht: Die Wiederholungsgefahr für die Feststellung der Rechtswidrigkeit einer Versammlungsauflösung entfällt, wenn eine Vereinigung in absehbarer Zeit keine gleichartigen Veranstaltungen durchführen kann, weil sie durch Verfügung des Bundesministers des Innern unter Anordnung der sofortigen Vollziehung verboten und aufgelöst worden ist und ihr Antrag auf Wiederherstellung der aufschiebenden Wirkung der Klage vor dem BVerwG ohne Erfolg geblieben ist (VGH BW, - NVwZRR- 1994, 89 (nur Leitsatz)).
[115] Vgl. BVerfG, NVwZ 1999, 290.
[116] BVerfG, NVwZ 1999, 290; BVerfGE 96, 27; BVerwG, NVwZ 1999, 991; BVerwG, NJW 1997, 2534, jeweils m.w.N.; VGH BW, Urteil v. 14.04.2005 - 1 S 2362/04.
[117] VGH BW, Urteil v. 14.04.2005 - 1 S 2362/04.

Merke: Im Falle eines polizeilichen nicht fortwirkenden Grundrechtseingriffs ist ein besonderes Feststellungsinteresse regelmäßig anzuerkennen.

Bei erledigten polizeilichen Maßnahmen, die nur einen unerheblichen Eingriff darstellen, wie z.B. eine auf § 36 Abs. 5 StVO gestützte Verkehrskontrolle, besteht danach allerdings kein Feststellungsinteresse.

Ebenfalls kein Feststellungsinteresse besteht, wenn die Beschlagnahme eines Kampfhundes nach § 38 BWPolG durch die anschließende Einziehung (§ 39 BWPolG) erledigt hat.[118]

Im Falle eines beabsichtigten Amtshaftungsprozesses akzeptiert die Rechtsprechung ein Feststellungsinteresse nur dann, wenn der Amtshaftungsprozess nicht offensichtlich aussichtslos ist[119] *und* der Verwaltungsakt sich nicht schon vor Erhebung der Klage erledigt hat[120] Dieses Rechtsschutzinteresse scheidet demnach bei analoger Fortsetzungsfeststellungsklage gegen polizeiliche Maßnahmen regelmäßig aus.

9.3.3 Verpflichtungsklage

Die Verpflichtungsklage ist die richtige Klageart, wenn der Kläger den Erlass eines begünstigenden Verwaltungsaktes begehrt.

Die Zulässigkeitsvoraussetzungen sind die gleichen wie bei der Anfechtungsklage.

Entscheidet die Behörde über den Antrag nach pflichtgemäßem Ermessen, erfolgt eine Verurteilung zur Neubescheidung unter Beachtung der Rechtsauffassung des Gerichtes (wenn die Ablehnung rechtswidrig war).

Liegt ein Fall gebundener Verwaltung vor, verurteilt das Gericht die Behörde zum Erlass des abgelehnten Verwaltungsaktes (wenn die Ablehnung rechtswidrig war). Die Urteilsformel ergibt sich aus § 113 Abs. 4 VwGO.

Da im Polizeirecht das Opportunitätsprinzip gilt, kommt eine Verurteilung zum Erlass eines bestimmten Verwaltungsakts nur in Betracht, wenn das Ermessen der Behörde auf null reduziert ist.

---

[118] VG Freiburg (Breisgau), Beschluss v. 09.11.2020 - 4 K 2926/20, BeckRS 2020, 34559.
[119] Vgl. BVerwG, NVwZ 1992, 1092; DVBl 1991, 46.
[120] Vgl. *Büchner/Schlotterbeck*, VwPR, Rn. 172 m.w.N.; VGH BW, VBlBW 1991, 148; BVerwG, DÖV 1989, 641.

9.3.4 Feststellungsklage

Mit der Fortsetzungsfeststellungsklage kann die Feststellung der Rechtswidrigkeit eines erledigten **VA** begehrt werden. Handelt es sich bei einer polizeilichen Maßnahme, die nach dem Willen des Klägers vor dem Verwaltungsgericht auf ihre Rechtmäßigkeit überprüft werden soll, **nicht** um einen **Verwaltungsakt** gem. § 35 LVwVfG, so ist nicht die Fortsetzungsfeststellungsklage (§ 113 Abs. 1 Satz 4 VwGO analog), sondern die Feststellungsklage nach § 43 Abs. 1 VwGO statthaft. Aber auch wenn sich ein Verwaltungsakt durch Aufhebung vorprozessual erledigt hat, ist die Feststellungsklage, zumindest nach der Rechtsprechung des Bundesverwaltungsgerichts die richtige Klageart.[121]

Beispiel 1: Durch den Einsatz eines verdeckten Ermittlers werden zwischen den betroffenen Bürgern und dem Land konkrete Rechtsverhältnisse begründet, deren Inhalt klärungsfähig und klärungsbedürftig sind, etwa namentlich die Frage, ob die Betroffenen durch den Einsatz in ihren Grundrechten verletzt worden sind. Hierfür sieht die VwGO die Feststellungsklage (§ 43 VwGO) als statthafte Klage vor.[122]

Beispiel 2: Klage auf Feststellung der Rechtswidrigkeit eines **Gefährderanschreibens**. Dieses stellt in aller Regel keinen Verwaltungsakt dar, da es keine unmittelbare Verhaltenspflicht begründet.[123]

Zulässig ist die **Feststellungsklage** u.a. jedoch nur dann, wenn der Kläger ein **berechtigtes Interesse** an der Feststellung geltend machen kann. Wird mit der Feststellungsklage die Rechtswidrigkeit einer **erledigten polizeilichen Maßnahme**, die kein VA ist, begehrt, sind die rechtlichen Anforderungen an das Vorliegen eines berechtigten Interesses i. S. des § 43 Abs. 1 VwGO vergleichbar denen bei der Fortsetzungsfeststellungsklage i. S. von § 113 Abs. 1 Satz 4 VwGO.

Ein berechtigtes Interesse ist anzunehmen bei:
Rehabilitationsinteresse

---

[121] BVerwG, Urteil v. 14.07.1999 - 6 C 7.98, BVerwGE 109, 203.
[122] BVerwG, Urteil v. 29.04.1997 - 1 C 2.95, NJW 1997, 2534; anders die Vorinstanz VGH BW, DVBl 1995, 367.
[123] Schlicht-hoheitliches Verwaltungshandeln mit Eingriffscharakter. Vgl. hierzu; VG Meiningen, Urteil v. 03.08.2021 - 2 K 863/18 Me - BeckRS 2021, 30706.

In dem oben zitierten VE-Fall ist das für die Zulässigkeit der Klage erforderliche berechtigte Interesse bei denjenigen anzunehmen, die entweder Zielperson des Einsatzes eines verdeckten Ermittlers sind, oder deren Daten zielgerichtet durch den VE zur Absicherung der Legende erhoben werden. Generell kommt ein schutzwürdiges ideelles Interesse an der Rechtswidrigkeitsfeststellung nicht nur in den Fällen in Betracht, in denen abträgliche Nachwirkungen der erledigten Verwaltungsmaßnahme fortbestehen. Vielmehr kann auch die Art des Eingriffs, insbesondere im grundrechtlich geschützten Bereich, verbunden mit dem verfassungsrechtlich garantierten Anspruch auf effektiven Rechtsschutz, erfordern, das Feststellungsinteresse anzuerkennen. Hierzu zählen insbesondere Feststellungsbegehren, die polizeiliche Maßnahmen zum Gegenstand haben.[124]

Wiederholungsgefahr

Diese liegt nur vor, wenn eine konkrete Wiederholungsgefahr besteht, also die Annahme gerechtfertigt ist, in absehbarer Zeit müsse der Betroffene aufgrund der im Wesentlichen gleichen tatsächlichen und rechtlichen Verhältnisse wiederum mit einer entsprechenden Maßnahme gegen ihn rechnen.[125] Im Beispielsfall 2 (Gefährderanschreiben) musste der Kläger aufgrund seiner Erfassung in der Datenbank „Gewalttäter links" damit rechnen, dass er in absehbarer Zeit bei einem vergleichbaren Sachverhalt erneut mit einem Gefährderanschreiben überzogen wird.

Gem. § 43 Abs. 2 Satz 1 VwGO ist die Feststellungsklage jedoch unzulässig, wenn der Kl. seine Rechte durch Gestaltungs- oder Leistungsklage hätte verfolgen können (Subsidiarität der Feststellungsklage).

9.4 Vorläufiger Rechtsschutz beim belastenden VA

Vorläufiger Rechtsschutz bedeutet, dass das mit dem VA ausgesprochene Gebot oder Verbot vorläufig, bis zur endgültigen Klärung, nicht befolgt werden muss bzw. vollstreckt werden kann. Beim belastenden VA erfolgt der vorläufige Rechtsschutz über den Widerspruch, denn dieser entfaltet gem. § 80 Abs. 1 VwGO

---

[124] BVerwG, Urteil v. 29.04.1997 - 1 C 2.95, NJW 1997, 2534.
[125] BVerwG, Beschluss v. 09.05.1989 - 1 B 166.88, BeckRS 1989, 31277075; VGH BW, Urteil v. 12.02.1990 - 1 S 1646/89, DOV 1990, 572.

aufschiebende Wirkung. Dies bedeutet, der Verwaltungsakt bleibt zwar nach wie vor wirksam, kann aber nicht vollzogen werden.

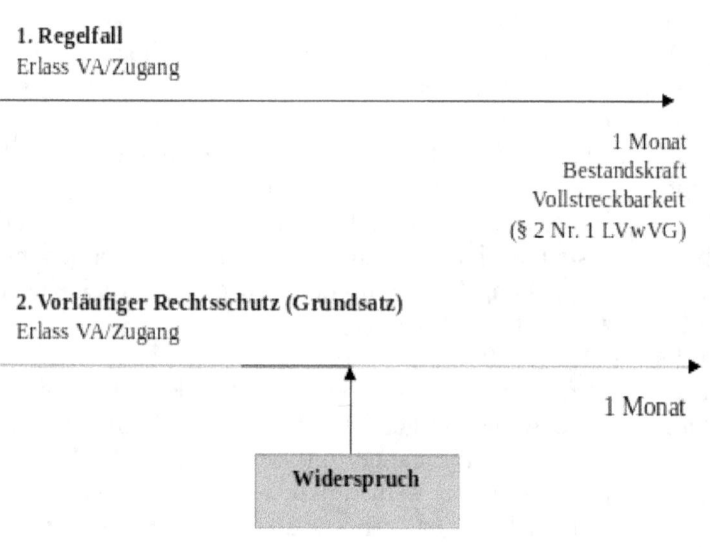

Widerspruch hat **aufschiebende Wirkung** (§ 80 Abs. 1 VwGO), Verwaltungsakt wird nicht bestandskräftig, Verwaltungsakt ist nicht vollstreckbar (Vollzugshemmung), Voraussetzungen des § 2 LVwVG sind nicht erfüllt

Durch Anordnung der sofortigen Vollziehbarkeit kann die Behörde den vorläufigen Rechtsschutz infolge Einlegung eines Widerspruches verhindern. Der Widerspruch entfaltet dann keine aufschiebende Wirkung (er ist aber dennoch erforderlich, weil die Widerspruchsbehörde ja über den Fall entscheiden soll und eine Anfechtungsklage ohne Widerspruchsverfahren unzulässig ist).

Vorläufiger Rechtsschutz durch das VG:

In den Fällen des § 80 Abs. 2 VwGO (Widerspruch hat keine aufschiebende Wirkung) kann der Betroffene beim Verwaltungs-

Verwaltungskontrolle

gericht die Wiederherstellung der aufschiebenden Wirkung (seines Widerspruchs) beantragen (§ 80 Abs. 5 VwGO).[126] Zuständig ist das Gericht, das später auch über die Anfechtungsklage entscheidet.

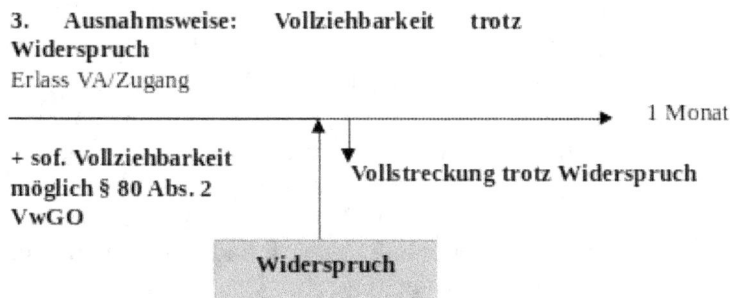

Der Antrag nach § 80 Abs. 5 VwGO ist begründet, wenn das Interesse des Antragstellers an der ungehinderten Durchsetzung seines Rechtsbehelfes höher zu bewerten ist als das öffentliche Interesse an der sofortigen Vollziehung. Das VG trifft hier eine eigene Ermessensentscheidung. Im Rahmen dieser Güter- und Interessenabwägung kommt der Erfolgsaussicht im Hauptsacheverfahren entscheidende Bedeutung zu.

Ordnet das Gericht die Wiederherstellung der aufschiebenden Wirkung an, ist eine Vollstreckung nicht möglich.

Gegen die Entscheidung des Verwaltungsgerichts steht den Beteiligten die Beschwerde zu, wenn sie vom Verwaltungsgerichtshof in Mannheim zugelassen wird. Die Zulassung der Beschwerde muss innerhalb von 2 Wochen beim VG beantragt werden (vgl. §§ 146 ff. VwGO).

---

[126] In den Fällen der gesetzlich angeordneten sofortigen Vollziehbarkeit spricht man von „Anordnung der aufschiebenden Wirkung".

9.5 Vorläufiger Rechtsschutz beim begünstigenden VA

Beantragt der Bürger einen begünstigenden VA und lehnt die Behörde seinen Antrag ab, muss er dagegen ebenfalls Widerspruch erheben. Dieser Widerspruch gewährt dem Antragsteller aber keinen vorläufigen Rechtsschutz, etwa dahingehend, dass er die beantragte Leistung bekäme. Ist, wie im Fall der Ablehnung des Antrages auf Erlass eines begünstigenden VA, die Verpflichtungsklage (§ 42 VwGO) die richtige Klageart, kann der Betroffene vorläufigen Rechtsschutz durch Antrag auf Erlass einer einstweiligen Anordnung gem. § 123 VwGO bekommen.

Der Antrag nach § 123 VwGO ist dann erfolgreich, wenn der Antragsteller einen Anordnungsanspruch und einen Anordnungsgrund glaubhaft machen kann.

Der **Anordnungsanspruch** ergibt sich aus dem materiellen Recht. Räumt die Norm der Behörde Ermessen ein, bestehen nur im Falle einer Ermessensschrumpfung auf null Erfolgschancen.

Ein **Anordnungsgrund** liegt vor, wenn eine sofortige Regelung erforderlich ist, um wesentliche Nachteile für den Antragsteller zu verhindern oder wenn die Gefahr besteht, dass die Verwirklichung eines Rechts vereitelt oder wesentlich erschwert wird.

Merke:
Wenn in der Hauptsache die allgemeine Leistungsklage oder die Verpflichtungsklage die richtige Klageart ist, bekommt man vorläufigen Rechtsschutz über § 123 VwGO.
Wenn in der Hauptsache die Anfechtungsklage die richtige Klageart ist, bekommt man vorläufigen Rechtsschutz über Widerspruch und ggf. § 80 Abs. 5 VwGO.

10 Bestandskraft, Rücknahme und Widerruf

Mit Ablauf der Widerspruchsfrist (vgl. § 70 VwGO: 1 Monat ab Bekanntgabe) wird der VA bestandskräftig (nicht: rechtskräftig). Die Beteiligten sind nunmehr abschließend an die getroffene Regelung gebunden. Der Bürger kann eine eventuelle Rechtswidrigkeit des VA nun nicht mehr geltend machen. Ein Widerspruch müsste als unzulässig, wegen Fristversäumnis, zurückgewiesen werden. Der Eintritt der Bestandskraft ist ein Gebot der Rechtssicherheit und somit Ausfluss des Rechtsstaatsprinzips.

Belastende Verwaltungsakte können nunmehr zwangsweise vollstreckt werden (§ 2 Nr. 1 LVwVG).

Der Grundsatz der Gesetzmäßigkeit der Verwaltung, welcher ebenfalls Bestandteil des Rechtsstaatsprinzips ist, kann im Einzelfall aber eine Durchbrechung der Bestandskraft rechtfertigen.

Die Behörde kann daher unter den Voraussetzungen des § 48 LVwVfG rechtswidrige Verwaltungsakte, auch nach Eintritt der Bestandskraft zurücknehmen. Ob die Rücknahme möglich ist, hängt entscheidend von der Schutzwürdigkeit des Vertrauens des Adressaten ab. Auf Vertrauensschutz kann sich folglich derjenige nicht berufen, der gegenüber der Behörde falsche Angaben gemacht hat.

Unter den Voraussetzungen des § 49 LVwVfG ist auch der Widerruf eines bestandskräftigen rechtmäßigen VA möglich.

11 Verwaltungsvollstreckung

Belastende Verwaltungsakte, die ein Handlungsgebot oder ein Verbot enthalten oder zu einer Geldleistung verpflichten, können, wenn der Adressat den Verwaltungsakt nicht freiwillig vollzieht, zwangsweise **vollstreckt** werden. Nicht vollstreckbar sind dagegen feststellende oder gestaltende Verwaltungsakte, da diese unmittelbar mit ihrer Bekanntgabe zu einer Rechtsänderung führen. Diese Verwaltungsakte vollziehen sich von selbst.
Beispiel: Auflösung einer Versammlung. Die Versammlung ist in dem Moment der Bekanntgabe der Auflösungsverfügung wirksam aufgelöst. Ein Handlungsgebot und damit eine taugliche Vollstreckungsgrundlage enthält erst der anschließende Platzverweis. Dieser kann dann mit den Mitteln des unmittelbaren Zwanges vollstreckt werden.[127]

Die Vollstreckung von Verwaltungsakten der Landesbehörden und der Gemeinden erfolgt nach dem Landesverwaltungsvollstreckungsgesetz (LVwVG), soweit nicht Bundesrecht spezielle Regelungen enthält.
Beispiel: § 58 Abs. 2 AufenthG (besondere Regelung der Vollziehbarkeit der gesetzlichen Ausreisepflicht); § 59 AsylG (Zwangsweise Durchsetzung der Verlassenspflicht bei Verstoß gegen die räumliche Beschränkung).

Bundesrechtliche Regelungen haben stets Vorrang vor landesrechtlichen Vollstreckungsregelungen.

Da auch Vollstreckungsmaßnahmen Eingriffscharakter haben, benötigen sie, ebenso wie die Grundverfügung selbst, eine gesetzliche Ermächtigungsgrundlage (Grundsatz vom Vorbehalt des Gesetzes). Für das Zwangsmittel unmittelbarer Zwang enthalten die §§ 63 bis 69 BWPolG für die Polizei spezifische Rechtsgrundlagen.

11.1 Wirksamer Grundverwaltungsakt

Zwangsmaßnahmen sind nur zulässig zur Durchsetzung von Verwaltungsakten (Funktion des Verwaltungsaktes als

---

[127] Ausführlich: *Zeitler*, Versammlungsrecht, Rn. 595 ff.

Verwaltungsvollstreckung

Vollstreckungstitel). Auch Verkehrszeichen oder Verkehrseinrichtungen (Parkuhr) können vollstreckbare Verwaltungsakte darstellen.[128]

Die Rechtmäßigkeit einer Vollstreckungsmaßnahme setzt voraus, dass der vollstreckte Grundverwaltungsakt **wirksam** ist. Auf seine Rechtmäßigkeit kommt es für die Rechtmäßigkeit der Vollstreckungsmaßnahme nicht an (Entkoppelung von Grundverfügung und Vollstreckung).[129]

Beispiel: Verfügt der Polizeivollzugsdienst einen Platzverweis, ist dieser von den Adressaten zu befolgen. Tun sie dies nicht, erfolgt die zwangsweise Vollstreckung durch die Anwendung unmittelbaren Zwangs. Für dessen Rechtmäßigkeit ist es ohne Bedeutung, ob der Platzverweis rechtmäßig ist oder nicht. Er muss nur laut und deutlich bekannt gegeben worden sein.

Der Bürger ist aber in diesem Fall nicht schutzlos. Er kann beim Verwaltungsgericht im Rahmen der (analogen) Fortsetzungsfeststellungsklage (s. oben 9.3.2) die Feststellung der Rechtswidrigkeit der Grundverfügung beantragen. Auch die Art und Weise der Vollstreckung kann im Nachhinein gerichtlich überprüft werden.

Voraussetzung für die Wirksamkeit des Grundverwaltungsakts ist, dass dieser entsprechend den gesetzlichen Bestimmungen der §§ 41 und 43 Abs. 1 LVwVfG dem Betroffenen bekannt gegeben worden ist. Bei schriftlichen Verwaltungsakten sind auch die Bestimmungen des Verwaltungszustellungsgesetzes zu beachten. Ein Verkehrszeichen wird bekanntgemacht durch Aufstellung.

Auch die Erhebung einer Gebühr für die Anwendung unmittelbaren Zwangs (§ 66 Abs. 4 BWPolG i.V.m. § 31 Abs 1 LVwVG, § 7 LVwVGKO) setzt nur voraus, dass diese Vollstreckungsmaßnahme rechtmäßig war. Die Gebührenerhebung setzt nicht darüber hinaus voraus, dass der vollstreckte Grundverwaltungsakt rechtmäßig war.[130]

Gemäß § 43 Abs. 3 LVwVfG ist ein nichtiger Verwaltungsakt allerdings unwirksam. Die Vollstreckung eines nichtigen

---

[128] BVerwG, NJW 1978, 656; VGH BW, DÖV 1990, 482; NJW 1992, 2442.

[129] VGH BW, Urteil v. 03.05.2021 - 1 S 512/19 - BeckRS 2021, 11956; BVerfG, NVwZ 1999, 290; BVerwG, NJW 1984, 2591; VGH BW, ESVGH 36, 217; *Graulich*, in: *Lisken/Denninger* (Hrsg.), Handbuch des Polizeirechts, 7. Aufl. 2021, Kap. E, Rn. 908; *Schenke/Baumeister*, NVwZ 1993, 1.

[130] VGH BW, Urteil v. 03.05.2021 - 1 S 512/19 - BeckRS 2021, 11956.

Verwaltungsaktes ist daher rechtlich unmöglich und zwangsläufig rechtswidrig.

11.2 Vollstreckbarkeit des Verwaltungsaktes

Wann ein Verwaltungsakt zwangsweise vollstreckt werden kann, regelt das LVwVG, insbesondere § 2 LVwVG:

1. Mit Eintritt der **Bestandskraft** (= Ablauf der Rechtsbehelfsfrist).

Ausnahme: § 21 LVwVG, vor Eintritt der Bestandskraft bei Gefahr im Verzug. Von dieser Voraussetzung wird im Falle von im Streifendienst (mündlich) getroffenen Anordnungen des PVD (bspw. Identitätsfeststellung, Personen- oder Sachdurchsuchung, Beschlagnahme) regelmäßig auszugehen sein.

2. In den Fällen **sofortiger Vollziehbarkeit**.

Wann ein Fall sofortiger Vollziehbarkeit vorliegt, weil Widerspruch und Anfechtungsklage keine aufschiebende Wirkung haben, bestimmt § 80 Abs. 2 VwGO:
- bei der **Anforderung von öffentlichen Abgaben** (Beispiel: Steuer- und Gebührenbescheide) und Kosten (eng auszulegen: nach allgemeinen Regeln, Tarifen, festen Sätzen erhoben; deshalb nicht: Kosten der Ersatzvornahme beim Abschleppen), § 80 Abs. 2 Satz 1 Nr. 1 VwGO,
- bei **unaufschiebbaren Anordnungen von Polizeivollzugsbeamten**, § 80 Abs. 2 Satz 1 Nr. 2 VwGO.[131] Da ein Widerspruch gem. § 70 Abs. 1 VwGO allerdings nur schriftlich bei der Behörde erhoben werden kann und Adressaten polizeivollzugsdienstlicher Anordnungen daher vor Erledigung einer Maßnahme regelmäßig keine Chance haben, Widerspruch einzulegen, dürfte § 80 Abs. 2 Satz 1 Nr. 2 VwGO für den PVD nur

---

[131] Vgl. hierzu: *Zeitler*, Die Razzia aus verwaltungsrechtlicher und verwaltungsvollstreckungsrechtlicher Sicht, VBlBW 1992, 328.

ausnahmsweise einschlägig sein.[132] Ein Problem für die Praxis entsteht dadurch nicht. Denn Anordnungen des Polizeivollzugsdienstes sind dann unaufschiebbar i. S. d. § 80 Abs. 2 Satz 1 Nr. 2 VwGO, wenn Gefahr im Verzug vorliegt; die sofortige Vollstreckbarkeit vollzugspolizeilicher Anordnungen ergibt sich daher typischerweise aus §§ 21, 2 Nr. 1 LVwVG.
§ 80 Abs. 2 Satz 1 Nr. 2 VwGO ist analog auf Verkehrszeichen[133] anzuwenden, da diese funktionsgleich mit Verkehrsregelungen durch Polizeibeamte sind. Dasselbe gilt für abgelaufene Parkuhren.[134] Bei schriftlichen Polizei-Verwaltungsakten hingegen gilt § 80 Abs. 2 Satz 1 Nr. 2 VwGO grundsätzlich nicht.[135]

- wenn die Behörde, die den Grundverwaltungsakt erlassen hat, dessen **sofortige Vollziehung im öffentlichen Interesse** anordnet, § 80 Abs. 2 Satz 1 Nr. 4 VwGO, wobei das besondere öffentliche Interesse an der sofortigen Vollziehbarkeit schriftlich zu begründen ist, § 80 Abs. 3 VwGO,
Beispiel: Ausweisung eines Ausländers, der wegen Verstoßes gegen das BTMG zu einer neunjährigen Freiheitsstrafe verurteilt worden war. Hier besteht ein besonderes öffentliches Interesse an der sofortigen Vollziehung, wenn die begründete Besorgnis besteht, dass die mit der Ausweisung bekämpfte Gefahr sich schon in dem Zeitraum bis zur verwaltungsgerichtlichen Hauptsacheentscheidung verwirklichen wird.

- in anderen durch Bundes- oder Landesgesetz vorgeschriebenen Fällen, § 80 Abs. 2 Satz 1 Nr. 3 VwGO.
Beispiel: § 84 Abs. 1 AufenthG: „Widerspruch und Klage gegen die Ablehnung eines Antrages auf

---

[132] BeckOK PolR BW/*Nachbaur*, 22. Ed. 17.01.2021, BWPolG § 125 Rn. 46.1.
[133] H.M.: vgl. *Kopp/Schenke*, VwGO § 80 Rn. 64 m. w. N.; *Bostedt*, in: *Fehling/Kastner/Störmer* (Hrsg.), HK-VerwR, § 80 VwGO Rn, 55; BVerwG, NJW 2008, 2867, 2868.
[134] BVerwG, DVBl 1978, 539.
[135] Vgl. VG Frankfurt, NVwZ 1990, 1100: „Das Vorhandensein einer schriftlich erlassenen Polizeiverfügung begründet die – widerlegbare – Vermutung, dass die Zeit ausgereicht hätte, die Verfügung formgerecht gem. § 80 Abs. 2 Nr. 4 VwGO für sofortvollziehbar zu erklären, mit der Folge, dass § 80 Abs. 2 Nr. 2 VwGO nicht anwendbar ist."

Kapitel 11

Erteilung oder Verlängerung des Aufenthaltstitels (...) haben keine aufschiebende Wirkung". Zu beachten ist die Ermächtigung an die Länder in § 80 Abs. 2 Satz 2 VwGO. Dementsprechend haben gemäß § 12 LVwVG Widerspruch und Anfechtungsklage keine aufschiebende Wirkung, soweit sie sich gegen Maßnahmen richten, die in der Verwaltungsvollstreckung getroffen werden.[136]

Beispiel: Widerspruch gegen die Androhung von Zwangsmitteln (§§ 20, 19 LVwVG) oder gegen Zwangsgeldfestsetzung (§ 23 LVwVG).

11.3 Verfahren

Vollstreckungsbehörde ist diejenige, die den VA erlassen hat (§ 4 LVwVG). Zu beachten ist hier, dass es keine Vertretungsregelung bei Gefahr im Verzug gibt. Soweit der PVD gem. § 105 Abs. 2 oder Abs. 3 BWPolG Maßnahmen treffen darf, ist er auch zur Vollstreckung zuständig.[137]

Für die Anwendung unmittelbaren Zwanges enthält § 65 BWPolG darüber hinaus eine spezielle Zuständigkeitsregelung.

Die Vollstreckungsbehörde ermächtigt den Vollstreckungsbeamten mit **schriftlichem Vollstreckungsauftrag** (§ 5 LVwVG). Zur **Nachtzeit**, sowie an Sonntagen und ges. Feiertagen darf der Vollstreckungsbeamte nur mit schriftlicher Erlaubnis der Vollstreckungsbehörde vollstrecken. Die Erlaubnis darf nur erteilt werden, soweit dies der Zweck der Vollstreckung erfordert (§ 9 LVwVG).

Ausnahmeregelungen bei **Gefahr im Verzug** finden sich in § 21 LVwVG. Der § 21 LVwVG ist eine wichtige Bestimmung für den PVD, da er von der Beachtung gerade derjenigen Vorschriften des LVwVG befreit, die auf das typische Verwaltungshandeln („vom Schreibtisch aus") zugeschnitten sind, für die Arbeit des PVD aber nicht passen, gleichwohl aber zu beachten sind (vgl. § 66 Abs. 4 BWPolG).

---

[136] Beachte: Auch in der Verwaltungsvollstreckung kann es Verwaltungsakte geben. Wird im Falle eines Platzverweises Polizeizwang angedroht, ist nicht nur der Platzverweis ein VA, sondern auch die Androhung. Die erste Anordnung ist der Grundverwaltungsakt (Vollstreckungstitel), die zweite ist eine Maßnahme in der Vollstreckung (der Beginn der Vollstreckung, um genau zu sein).

[137] VGH BW, VBlBW 2004, 213.

Verwaltungsvollstreckung

Gem. § 6 LVwVG kann der Vollstreckungsbeamte das **Besitztum** (Wohnung) des Vollstreckungsschuldners **betreten** und – mit einer verwaltungsgerichtlichen Anordnung – auch durchsuchen. Die richterliche Anordnung ist nicht erforderlich, wenn die dadurch eintretende Verzögerung den Zweck gefährden würde.

Das **Zwangsmittel** muss grundsätzlich vorher angedroht und dem Pflichtigen eine angemessene Frist zur Erfüllung eingeräumt werden. Die Androhung kann mit dem zu vollstreckenden Verwaltungsakt verbunden werden. Die Androhung selbst ist ebenfalls ein Verwaltungsakt.

Unmittelbarer Zwang ist nur anzudrohen, soweit es die Umstände zulassen (§ 66 Abs. 2 BWPolG).

11.4 Voraussetzungen der einzelnen Zwangsmittel

11.4.1 Zwangsgeld, Zwangshaft

Zwangsgeld (§ 23 LVwVG) ist zulässig zur Erzwingung vertretbarer und unvertretbarer Handlungen. Die **Zwangshaft** (§ 24 LVwVG) ist ein **unselbständiges Zwangsmittel**. Sie tritt an die Stelle des Zwangsgeldes, wenn dieses uneinbringlich ist. Dies ist der Fall, wenn der Beitreibungsversuch zu keinem Erfolg geführt hat oder die Zahlungsunfähigkeit des Pflichtigen offenkundig ist.

Die Festsetzung von Zwangsgeld ist ein Verwaltungsakt (§ 35 LVwVfG). Zwangsgeld ist ein **Beugemittel** und hat keinen Strafcharakter. Es ist somit etwas anderes als Bußgeld, das begangenes Unrecht sanktionieren soll. Kommt der Betroffene nach erfolgter Festsetzung seiner Verpflichtung nach, wird die Beitreibung hinfällig. Ein festgesetztes Zwangsgeld darf auch dann nicht mehr beigetrieben werden, wenn die hierdurch zu erzwingende Handlung oder Unterlassung auf einem befristeten Gebot oder Verbot beruht und die Frist bereits verstrichen ist.

Beispiel: Wegen der Gefahr von Verstößen gegen das BtMG wurde dem G. verboten sich 3 Monate lang an einem näher bezeichneten Treffpunkt der offenen Drogenszene aufzuhalten. Für den Fall der Zuwiderhandlung wurde ihm ein Zwangsgeld in Höhe von 1.000,00 € und im Falle dessen Uneinbringlichkeit Zwangshaft angedroht. Nachdem er 1 Monat vor Ablauf der Frist an der von dem Betretungsverbot erfassten Örtlichkeit angetroffen wurde, setzte die Polizeibehörde das Zwangsgeld fest. Dieses darf jedoch nach Ablauf der Dreimonatsfrist nicht mehr beigetrieben werden.[138]

Die Anordnung von **Zwangshaft** erfolgt durch das Verwaltungsgericht auf Antrag der Vollstreckungsbehörde. Den gem. § 908 ZPO (analog) erforderlichen Haftbefehl erlässt das Gericht zugleich mit der Anordnung der Zwangshaft.

11.4.2 Ersatzvornahme

Ersatzvornahme ist die Ausführung einer vertretbaren Handlung, zu welcher der Verwaltungsakt verpflichtet, entweder durch die Vollstreckungsbehörde oder einen von ihr beauftragten Dritten auf Kosten des Pflichtigen.

Beispiel: Abschleppen eines im Halteverbot parkenden Fahrzeuges.[139]

Die Ersatzvornahme erfolgt durch die Vollstreckungsbehörde selbst oder durch Beauftragung eines Dritten (Unternehmer). Sie muss nicht durch Verwaltungsakt angeordnet werden.

Die Kosten der Ersatzvornahme werden bei dem Pflichtigen mittels Leistungsbescheid geltend gemacht (§§ 25, 31 LVwVG, §§ 5, 6, 8 LVwVGKO). Hierbei handelt es sich nicht um Kosten i.S. von § 80 Abs. 2 Satz 1 Nr. 1 VwGO. Widerspruch und Anfechtungsklage haben also aufschiebende Wirkung. Dies bedeutet, dass der Kostenschuldner bis zur endgültigen gerichtlichen Klärung nichts bezahlen muss.

11.4.3 Unmittelbarer Zwang

Unmittelbarer Zwang ist die Einwirkung auf Personen oder Sachen durch einfache körperliche Gewalt, Hilfsmittel körperlicher Gewalt oder Waffengebrauch. UZw dient der Durchsetzung **unvertretbarer Verpflichtungen**.

Beispiel: Nach erfolgter Auflösung einer Versammlung und anschließendem Platzverweis werden die Betroffenen von der Polizei weggetragen.

Der unmittelbare Zwang zur Vollstreckung von Verwaltungsakten einer allgemeinen oder besonderen **Polizeibehörde** und des **Polizeivollzugsdienstes** ist speziell geregelt in den §§ 63 Abs. 2,

---

[138] VGH BW. Beschluss v. 12.3.1996 - 1 S 2856/95 - VBlBW 1996, 418.
[139] BVerwG, NJW 1982, 348.

Verwaltungsvollstreckung

66 ff BWPolG. Die §§ 26 ff. LVwVG kommen zur Anwendung, wenn der Verwaltungsakt einer Landesbehörde vollstreckt werden soll, die **nicht Polizeibehörde** ist. Der PVD kann in diesem Fall gem. § 105 Abs. 5 BWPolG zur Vollzugshilfe **verpflichtet** sein.

Die einzelnen Bestimmungen der §§ 66 ff. BWPolG enthalten in Umsetzung des Verhältnismäßigkeitsgrundsatzes ein fein abgestuftes Instrumentarium. Die zulässigen Arten von Zwangsmitteln sind in der VwV BWPolG geregelt.[140] Unmittelbarer Zwang stellt im Verhältnis zur Ersatzvornahme und zum Zwangsgeld den intensivsten Eingriff dar. Er darf daher nur angewandt werden, wenn mildere Zwangsmittel nicht zum Ziel geführt haben, bzw. den Vollstreckungserfolg absehbar nicht herbeiführen können.

Abgrenzung Ersatzvornahme/unmittelbarer Zwang: Der Einsatz körperlicher Gewalt gegen die Person des Pflichtigen ist stets unmittelbarer Zwang. Bei physischen Einwirkungen auf Sachen des Pflichtigen ist wie folgt zu unterscheiden:

Die Polizei führt eine Handlung aus, die eigentlich der Pflichtige hätte ausführen müssen. Dies nennt man eine vertretbare Handlung. Das Zwangsmittel ist die Ersatzvornahme.

Beispiel: Abschleppen eines im absoluten Halteverbot parkenden Fahrzeuges.

Die Polizei wirkt zwar auf eine Sache ein. Dadurch soll aber eine unvertretbare Verpflichtung des Betroffenen durchgesetzt werden. Das Zwangsmittel ist unmittelbarer Zwang.

Beispiel: Ausbremsen eines Fahrzeuges oder der Einsatz eines Nagelgurtes.

11.4.4 Prüfungsschema Polizeizwang

Bei der Fallbearbeitung ist es wichtig, die **Vollstreckungshandlung** als solche zu **erkennen,** um dann in das „Prüfungsschema Polizeizwang" umzuschalten. In der Praxis hat sich das nachfolgende Prüfungsschema bewährt.

I. Rechtsgrundlage für das angewandte Zwangsmittel

---

[140] Die Regelung der im Rahmen des UZw zugelassenen Waffen und Hilfsmittel durch bloße Verwaltungsvorschrift ist mit Blick auf den im Rechtsstaatsprinzip wurzelnden Grundsatz vom Vorbehalt des Gesetzes kritisch zu sehen und wird teilweise für verfassungswidrig erachtet, so z.B. BeckOK PolR BW/*Kastner*, 22. Ed. 17.01.2021, BWPolG § 64 Rn. 8 f.; *Nachbaur*, VBlBW 2021, 55, 66.

Zwangsgeld mit Ersatzzwangshaft: §§ 23 und 24 LVwVG; Ersatzvornahme: § 25 LVwVG; unmittelbarer Zwang: §§ 63 Abs. 2, 66 ff. BWPolG; Zwangsräumung: §§ 63 Abs. 2, 66 Abs. 4 BWPolG, 27 LVwVG; Abschiebung: §§ 58 ff AufenthG

II. Vorhandensein eines rechtswirksamen Grundverwaltungsakts als Vollstreckungstitel.

Wirksame Bekanntgabe gemäß § 41 LVwVfG und keine Nichtigkeit (§ 43 Abs. 3 LVwVfG i. V. mit § 44 LVwVfG)

Ausnahme: Z.B. § 59 AsylVfG

III. Vollstreckbarkeit des Grundverwaltungsakts

§ 2 Nr. 1 LVwVG: Vollstreckbarkeit mit Bestandskraft.

Ausnahme:

- § 21 LVwVG: Vor Bestandskraft zur Gefahrenabwehr erforderlich.
- § 2 Nr. 2 LVwVG: Verwaltungsakt ist sofort vollziehbar gem. § 80 Abs. 2 VwGO

IV. Verfahrensbestimmungen

Zuständige Vollstreckungsbehörde (§ 4 LVwVG)
Besondere Zuständigkeitsregelung für UZw: § 65 BWPolG
Beachtung der Verfahrensbestimmungen der §§ 3 bis 12 LVwVG;
Ausnahme bei Gefahr im Verzug: § 21 LVwVG
Androhung des Zwangsmittels, § 20 LVwVG

V. Voraussetzungen des konkret angewendeten Zwangsmittels und Verhältnismäßigkeit: §§ 19, 23 ff LVwVG, beim UZw.: Tatbestandsvoraussetzungen der §§ 66 ff.

11.4.5 Beitreibung

Die Vollstreckung von Verwaltungsakten, die zu einer Geldleistung verpflichten, erfolgt durch Beitreibung. Privatrechtliche Ansprüche eines Trägers öffentlicher Verwaltung können nicht beigetrieben werden, sondern müssen vor dem zuständigen Gericht eingeklagt werden. Vor der Beitreibung ist der Pflichtige zu mahnen (§ 14 LVwVG). Auf die Beitreibung finden zahlreiche Vorschriften der Abgabenordnung Anwendung (vgl. § 15 LVwVG). Die Voll-streckung geschieht durch Sachpfändung oder Forderungspfändung (Lohn- und Gehaltspfändung). Die Pfändungsfreigrenzen der ZPO gelten auch hier. Die Vollstreckungsbehörde kann die Forderung durch Pfändungsbeschluss einziehen.

12 Unmittelbare Ausführung einer Maßnahme

Sind Maßnahmen gegenüber dem Polizeipflichtigen nicht möglich, kann die Polizei ohne Erlass eines Verwaltungsakts die Störung unmittelbar beseitigen. Diese Störungsbeseitigung stellt einen Realakt dar.

Üblicherweise erlässt die Polizei zur Abwehr einer Gefahr für die öffentliche Sicherheit eine Polizeiverfügung (= Verwaltungsakt i.S. des § 35 LVwVfG) gegen den Verhaltens- oder Zustandsverantwortlichen (§§ 6, 7 BWPolG). Das Erfordernis der Verantwortlichkeit ist ein Kernstück des rechtsstaatlichen Polizeirechts. Denn es gewährleistet, dass nur derjenige den Geboten oder Verboten der Gefahrenabwehr unterworfen werden darf, dem die Gefahr in spezifischer Weise zuzurechnen ist. Befolgt der Adressat die Verfügung nicht, kann sie ihm gegenüber zwangsweise durchgesetzt werden. Die Voraussetzungen, unter denen eine zwangsweise Durchsetzung bereits vor Ablauf der Widerspruchsfrist möglich ist, haben wir oben kennen gelernt.

Im Einzelfall kann es sogar sein, dass die Polizei eine Gefahr für die öffentliche Sicherheit nur dann wirksam abwehren (bzw. eine bereits eingetretene Störung beseitigen) kann, wenn sie sofort tätig wird, ohne zuvor eine Verfügung (Verwaltungsakt) gegen den Verantwortlichen erlassen zu haben.

Es gibt zwei Rechtsinstitute, die ein derartiges Vorgehen ermöglichen: Den Sofortvollzug und die unmittelbare Ausführung einer Maßnahme.

Der Sofortvollzug ist z.B. geregelt in § 6 Abs. 2 VwVG des Bundes. Die Vorschrift lautet:

„Der Verwaltungszwang kann ohne vorausgehenden Verwaltungsakt angewendet werden, wenn der sofortige Vollzug zur Verhinderung einer rechtswidrigen Tat, die einen Straf- oder Bußgeldtatbestand verwirklicht, oder zur Abwendung einer drohenden Gefahr notwendig ist, und die Behörde hierbei innerhalb ihrer gesetzlichen Befugnisse handelt."

Einige Länderpolizeigesetze haben diese Rechtsfigur übernommen. In Baden-Württemberg fehlt eine vergleichbare Vorschrift.

Die unmittelbare Ausführung einer Maßnahme sieht § 8 Abs. 1 BWPolG vor. Die Vorschrift ermöglicht es dem

Polizeivollzugsdienst, sofort real tätig zu werden, ohne zuvor gegenüber dem Verantwortlichen (§§ 6, 7 BWPolG) einen Verwaltungsakt erlassen zu müssen, weil der Zugang an einen bestimmten Adressaten nicht möglich wäre; oder zwar möglich wäre, aber nicht den gewünschten Erfolg herbeiführen könnte. Die unmittelbare Ausführung ist daher nur dann zulässig, wenn eine Situation gegeben ist, in der ein Verwaltungsakt (wenigstens fiktiv) erlassen werden kann. Ist dies nicht der Fall, ist die Maßnahme als (bloßer) Realakt zu qualifizieren, der nicht nach den Maßstäben des § 8 BWPolG zu beurteilen ist.

Zur Klarstellung: § 8 Abs. 1 BWPolG schafft alleine keine Eingriffsermächtigung. Diese ergibt sich aus der Ermächtigungsgrundlage, z.b. der polizeilichen Generalklausel (§§ 1, 3 BWPolG). § 8 Abs. 1 ermöglicht es jedoch, die Maßnahme, zu der die §§ 1, 3 ermächtigen, ohne den Erlass eines Verwaltungsakts durchzuführen.

Prüfungsschema unmittelbare Ausführung:

I. Rechtsgrundlage: Z.B. §§ 1, 3, 8 BWPolG

II. Formelle Rechtmäßigkeit

Zuständigkeit, insbes. § 105 BWPolG.
(Verfahrens- und Formvorschriften (z.B. §§ 28, 37 LVwVfG) sind nicht anwendbar, da hier ja gerade kein VA erlassen wird.)

III. Materielle Rechtmäßigkeit

1. Rechtmäßigkeit des durchgesetzten fiktiven Verwaltungsakts (z.B. §§ 1, 3 BWPolG),
2. Vorliegen der besonderen Voraussetzungen für die Zulässigkeit der unmittelbaren Ausführung (Vorliegen einer akuten Gefahr – warum konnte dem Polizeipflichtigen gegenüber keine Verfügung erlassen werden?),
3. Ist die unmittelbare Ausführung selbst als rein tatsächlicher Vorgang rechtmäßig (Verhältnismäßigkeitsgrundsatz)?

Unmittelbare Ausführung

Kostenersatz: Entstehen der Polizei bei der unmittelbaren Ausführung Kosten, kann sie diese mittels Leistungsbescheid (VA) beim Störer geltend machen.

Prüfungsschema Kostenbescheid:

I. Ermächtigungsgrundlage: § 8 Abs. 2 BWPolG

II. Formelle Rechtmäßigkeit

Zuständig zum Erlass des Kostenbescheides ist diejenige Behörde, die die unmittelbare Ausführung vorgenommen hat

III. Materielle Rechtmäßigkeit

Rechtmäßigkeit der uA (siehe obiges Prüfungsschema)
Ermessensfehlerfreie Entscheidung, insbes.
Verhältnismäßigkeit der Kostenerhebung
Bei Nichtzahlung und Vorliegen der allgemeinen Vollstreckungsvor-aussetzungen können die Kosten im Verwaltungszwangsverfahren beigetrieben werden (§ 8 Abs. 2 Satz 2 BWPolG).
Die Behörde, die die Kosten geltend macht, entscheidet darüber nach Ansicht des VGH Baden-Württemberg trotz des eindeutigen Wortlautes des § 8 Abs. 2 BWPolG nach pflichtgemäßem Ermessen.[141]

---

[141] VGH BW, VBlBW 1991, 110.

13 Anhang Prüfungsschema Polizeiverfügung

I. Ermächtigungsgrundlage
1. Spezialnorm außerhalb des Polizeigesetzes
   Beispiel: Beendigung einer Versammlung § 13 oder § 15 VersG
2. Spezialnorm nach dem Polizeigesetz.
   Beispiel: § 38 BWPolG, § 37 BWPolG
   Soll eine gefährliche Sache in hoheitlichen Gewahrsam genommen werden, bietet § 38 BWPolG die geeignete Ermächtigungsgrundlage.
3. Generalklausel (§§ 1, 3 BWPolG).

II. Formelle Rechtmäßigkeit
   Hier ist insbesondere die örtliche und sachliche Zuständigkeit zu prüfen.
1. Sachliche Zuständigkeit
   Spezialgesetzlich geregelt? Beispiel: § 1 VersG-ZuVO (Kreispolizeibehörde), § 59 Abs. 3 Nr. 1 AsylG (PVD)
   Nach Polizeigesetz: § 1 BWPolG: Die Polizei; geht es um den Schutz privater Rechte, ist die Polizei nur unter den Voraussetzungen des § 2 Abs. 2 BWPolG zuständig.
   Die Zuständigkeitsverteilung zwischen PolBeh und PVD regelt § 105 BWPolG. Beispiel: Beschlagnahme eines Kfz durch den PVD: der PVD ist sachlich zuständig gem. §§ 105 Abs. 3, 38 BWPolG.
2. Örtliche Zuständigkeit:
   Spezialgesetzlich geregelt? Beispiel: § 2 VersGZuVO
   nach Polizeigesetz: § 120 BWPolG
3. Verfahrensbestimmungen
   Im Einzelfall können die Verfahrensbestimmungen des LVwVfG von Bedeutung sein.
   §§ 41, 43 LVwVfG: Bekanntgabe (Fehlen führt bereits zur Unwirksamkeit des VA),
   § 28 LVwVfG: Anhörung; vgl. aber § 28 Abs. 2 Nr. 1: Anhörung nicht geboten bei Gefahr im Verzug,
   § 39 LVwVfG: Begründung eines schriftlichen oder schriftlich bestätigten Verwaltungsaktes.

III. Materielle Rechtmäßigkeit
1. Tatbestandsvoraussetzungen
   Ggf. Auslegung der gesetzlichen Tatbestandsmerkmale
   Subsumtion des Lebenssachverhalts unter die gesetzlichen Tatbestandsmerkmale
2. Rechtsfolge

Prüfungsschema Polizeiverfügung

Adressat (§§ 6, 7 oder 9 BWPolG).
Ermessensunterschreitung
Ermessensfehlgebrauch
Ermessensüberschreitung, insbesondere Verhältnismäßigkeitsgrundsatz (Geeignetheit, Erforderlichkeit, Übermaßverbot),
Grundrechte, insbes. Willkürverbot (Art. 3 GG),
Bestimmtheitsgrundsatz (§ 37 Abs. 1 LVwVfG) – Nur prüfen, wenn Veranlassung besteht.

14 Literaturverzeichnis

(Auswahl)

Bull/Mehde, Allgemeines Verwaltungsrecht, 9. Aufl. 2015

Detterbeck, Allgemeines Verwaltungsrecht, 19. Aufl. 2021

Dörschuck, Eingriffsrecht, 1. Aufl. 2000

Fehling/Kastner/Störmer (Hrsg.), Verwaltungsrecht - VwVfG/VWGO/Nebengesetze, Kommentar, 5. Aufl. 2021

*Götz/G*eis, Allgemeines Polizei- und Ordnungsrecht, 16. Aufl. 2017

Hesse, Grundzüge des Verfassungsrechts der Bundesrepublik Deutschland, 20. Aufl. 1999

Kopp/Schenke, Verwaltungsgerichtsordnung, Kommentar, 27. Aufl. 2021

Lisken/Denninger (Hrsg.), Handbuch des Polizeirechts, 7. Aufl. 2021

Maurer/Waldhoff, Allgemeines Verwaltungsrecht, 20. Aufl. 2020

Möstl/Trurnit (Hrsg.), BeckOK Polizeirecht Baden-Württemberg, 22. Edition Januar 2021

Ruder/Pöltl, Polizeirecht Baden-Württemberg, 9. Aufl. 2021

Schweickhardt/Vondung/Zimmermann-Kreher, Allgemeines Verwaltungsrecht, 11. Aufl. 2021

Trurnit, Eingriffsrecht, 4. Aufl. 2017

Wolff/Bachof/Stober/Kluth, Verwaltungsrecht I, 13. Aufl. 2017

Wolff/Bachof/Stober/Kluth, Verwaltungsrecht II, 7. Aufl. 2010

Würtenberger/Heckmann/Tanneberger, Polizeirecht in Baden-Württemberg, 7. Aufl. 2017

Zeitler/Trurnit, Polizeirecht für Baden-Württemberg, 3. Aufl. 2014

Zeitler, Grundriss des Versammlungsrechts, 1. Aufl. 2015

Zippelius, Juristische Methodenlehre, 12. Aufl. 2021

www.ingramcontent.com/pod-product-compliance
Lightning Source LLC
Chambersburg PA
CBHW071510220526
45472CB00003B/970